Karl-Heinz Lerch

Wie Sterne in der Nacht

Biblische Betrachtungen
für ein Leben in der Gegenwart Gottes

OnckenStiftung

1. Auflage 2013

Die Deutsche Bibliothek verzeichnet diese Publikation in der Deutschen Nationalbibliografie; detaillierte bibliografische Daten sind im Internet über www.d-nb.de abrufbar.

Umschlaggestaltung, Satz und Layout: J. G. Oncken Nachf. GmbH
Umschlagbild: Droidworker / www.shutterstock
Druck: AALEXX Buchproduktion GmbH, Großburgwedel
Printed in Germany 2013

ISBN 978-3-87939-621-4

www.oncken-stiftung.de

Inhalt

Vorwort

Biographisches vorab: Zusammen mit Herrn Pfarrer Karl-Heinz Lerch habe ich im Frühjahr 2011 eine Zeit lang zum Neuen Testament gearbeitet, und zwar mit dem Schwerpunkt Evangelien und unter der Fragestellung, die man heute üblicherweise als Meditation, Theologie oder Spiritualität bezeichnet. Im Vordergrund stand also nicht die historische und religionsgeschichtliche Information, sondern eben das, was in der Regel im Studium zu kurz kommt, dass man nämlich nach der historischen Auslegung des Textes, wie wir sie seit Nicolaus von Lyra im Westen kennen, über den Stellenwert eines Textes im christlichen Leben des Einzelnen und der Gemeinde nachdenkt. Denn es könnte sein, dass man erst dann einen Text angemessen verstanden hat, wenn man diese wichtigen Fragen mitbedacht hat. Nun, zwei Jahre später, meldete sich Herr Pfarrer Lerch mit der Nachricht, er habe eigene exegetische Arbeiten zusammen mit Anregungen aus unserem privaten Bibelkolleg zu einem Büchlein verarbeitet, und ob ich ein Vorwort schreiben könnte. Das tue ich gerne, zumal da ich weiß, dass die Arbeit mit den 60 Doktoranden immer dann, wenn sie auf ähnliche Weise erfolgte, äußerst fruchtbar und anregend für beide Teile war. Denn es kommt dann darauf an, dass das Wort Gottes nicht in den Grenzen eines wissenschaftlichen Objektes gefangen bleibt, sondern die Chance bekommt, sich selbst im Miteinander zweier neugieriger Menschen zu Wort zu bringen und dabei eben nicht stumm zu bleiben, sondern kritisch selbst die Führung im Gespräch zu ergreifen. So wird aus der „Sache“ lebendiges Wort, das man je länger desto weniger gewaltsam ideologisierend nur „verwenden“ kann.

Vor einer Woche verstarb eine steinalte treue Hörerin, Mitdiskutantin und Leserin, und ich hatte kurz vor dem Tod der 93-jährigen noch Gelegenheit, mit ihr zu telefonieren. Viel konnte sie nicht mehr sagen außer dem wiederholten Satz „Ich freue mich so.“ Es ist schön, wenn Sätze wie dieser am Ende stehen, weil sie prägend für das Ganze waren und überleiten in das Neue. Dass in der Tat Freude der Sinn aller Dinge ist, kann man auch nach jeder gemeinsamen Bibelarbeit feststellen. Und das gilt auch für viele gemeinsame Tagungen, Gespräche, Texte und auch für das Buch von Pfarrer Karl-Heinz Lerch. Keine wissenschaftlich-exegetische Zugangsweise wird dabei abgelehnt oder für nutzlos erklärt. Aber es bleibt auch kein Vor-Urteil und keine etwa mitgebrachte besserwisserische Systematik bestehen. Der Glaube gewinnt eine neue Form, die klarer, unmissverständlicher und prägender ist als die alte. So wird aus den Mutmaßungen ein glaubwürdiges Zeugnis.

Man könnte auf die Idee kommen und diesen Meditationen vorwerfen, sie seien zu wohltemperiert, zu stark abgehoben von den Leiden, Zweifeln und Ängsten der Menschen, den Favelas der Armen und Unwissenden zu fern. In der Tat ist es nicht das Ziel von Pfarrer Lerch, Elend, Grauen und Ratlosigkeit der Menschen zu wiederholen. Ein moderner Pfarrer kennt das alles hinreichend. Diese Meditationen sind aber wie Wellenbrecher. Ein Wellenbrecher will und soll nicht die Realität vertuschen oder unsachlich verklären. Die grausame Kraft der Sturmfluten bleibt gut erkennbar. Aber das Land, das der Wellenbrecher ins offene Meer hinein verlängert, soll Halt anbieten. Er ist bisweilen nicht einfach zu begehen, aber kleine, niedliche Steinchen würden doch nur einfach weggespült. Eben das geschieht hier nicht. Deshalb gibt es auch keine faulen Kompromisse mit dem, was man Zeitgeist nennt. Von dem haben die Kirchen genug. So wird hier die Kraft der Fluten nicht verschwiegen, werden die widersetzlichen Formationen der Steine nicht weggehobelt. So kann der frische Wind das bleiben, was er ist. Er wird nicht abgefangen oder zu lauem Lüftchen gemacht. Denn so kann es sein, dass Freude der Sinn des Ganzen ist.

Heidelberg, den 23.08.13
Klaus Berger

Wie Sterne in der Nacht

Sterne am Nachthimmel faszinieren mich. Sie leuchten aus weiter Ferne durch das Dunkel des Weltalls und berühren mit ihrem hellen Schein unsere Herzen. Sie nehmen uns hinein in den unendlichen Kosmos und weisen uns in seiner wunderbaren Ordnung einen Platz zu, an dem wir spüren: Nichts geht verloren, nichts verläuft im Chaos, alles hat seinen Platz und ich bin ein Teil davon. Ich gehöre dazu, bin einverleibt in das Ganze und darf da sein.

Unter den Sternen verwandelt sich das Antlitz der Erde und alles erscheint in einem anderen Licht, das mich erhellt und erleuchtet, meinem Dasein auf der Erde Orientierung und Sinn verleiht. Ich weiß, woher ich komme und wer ich bin, ich lasse mich von dem Licht des Himmels auf meinem Weg leiten und führen. Ich kann loslassen und bin geborgen in jener tieferen, wunderbaren himmlischen Ordnung, welche die ganze Erde umschließt und durchdringt.

Die Bibeltexte in diesem Buch sind für mich wie Sterne am Nachthimmel. Mit diesem Buch möchte ich Sie einladen, sich von ihnen berühren und hinein nehmen zu lassen in die unendliche Wirklichkeit Gottes, die uns in ihnen nah kommt. Vertrauen Sie sich ihnen an. Lassen Sie sich von ihnen führen und leiten, sich aufschließen und die Augen öffnen für das, was sie Ihnen zeigen, was sie Ihnen erschließen und in Ihnen bewirken. Lassen Sie sich davon anrühren und an sich geschehen, was sie in sich bergen. Ja, dass in und durch diese Berührung und Begegnung Sie nicht mehr der oder die sind, die fragen oder suchen, die verstehen und klären wollen, sondern bewegt, verwandelt und hineingenommen werden in die Wirklichkeit, die sich Ihnen schenkt und entfaltet, die Sie ergreift und umgestaltet.

Mit Ihnen geschieht und vollzieht sich eine Art Subjekt-Wechsel, denn Sie finden sich in einem Geschehen wieder und Ihnen widerfährt, was sich Ihnen aufschließt, öffnet, zeigt und offenbart durch die Wirklichkeit Gottes selbst, in der Sie geborgen und in die Sie gestellt sind wie in einen weiten Raum. Ihre Perspektive wird verwandelt. Sie können sich und Ihr Leben im Licht Gottes neu sehen.

Der viel beschworene historisch breite Graben ist in der Begegnung mit den biblischen Texten keine wirkliche Trennung, sondern wie eine Vertiefung, in die man hinabsteigt, ja, hinuntergeführt wird, bis man auf den Grund kommt, wo man sich wieder findet in der Wirklichkeit des Textes und in dem neuen Raum, den er erschließt und eröffnet. Erst wer alles ergründet und erspürt, entdeckt und erkannt hat, was sich ihm dort aufschließt und ihn sein Leben in neuer Perspektive, sozusagen aus der Tiefe erfahrener Gotteswirklichkeit heraus sehen und gewahren lässt, der wird berührt und verwandelt wieder aufsteigen und heimkehren in seine Wirklichkeit, die an Tiefe und Wahrheit gewonnen hat.

Die Bibeltexte verweben sich gleichsam in unser Leben und weben uns in ihr Leben ein, das sich in ihnen erinnert und vergegenwärtigt, so dass es in unserem weiter wirkt und wir davon durchzogen und verwandelt werden.

Ich lasse alles los,
auch meine Absichten und Ziele.
Ich werde leer
und empfänglich.

Ich bin ganz im Dasein
und offen für das,
was Gott mir schenken will.

Ich lasse zu,
dass der Bibeltext mir begegnet,
ich setze mich ihm aus,
ich lasse ihn auf mich wirken,
mich von ihm berühren.

Ich gebe ihm Raum,
werde sein Gefäß,
lasse ihn in mir geschehen,
sich entfalten
und mich durchdringen.

Ich lasse ihn
in meinem Körper verströmen.
Ich spüre die Bewegung,
die er frei setzt,
und gebe ihr nach.
Ich lasse mich davon formen
und verleihe ihr Ausdruck.

Ich lasse mich,
meinen Körper,
mein Herz,
mein Dasein
durchströmen,
gestalten
und verwandeln
von der Gegenwart Gottes,
bis ich eins mit ihr bin.

„Durch die Taufe bist du eine Ikone Gottes!“

Pater Stefanos, Kloster Philotheou Athos

Matthäus 3, 13-17

Geschehen lassen

Zu der Zeit kam Jesus aus Galiläa an den Jordan zu Johannes, dass er sich von ihm taufen ließe. Aber Johannes wehrte ihm und sprach: Ich bedarf dessen, dass ich von dir getauft werde, und du kommst zu mir? Jesus aber antwortete und sprach zu ihm: Lass es jetzt geschehen! Denn so gebührt es uns, alle Gerechtigkeit zu erfüllen. Da ließ er's geschehen. Und als Jesus getauft war, stieg er alsbald herauf aus dem Wasser. Und siehe, da tat sich ihm der Himmel auf, und er sah den Geist Gottes wie eine Taube herab fahren und über sich kommen. Und siehe, eine Stimme vom Himmel herab sprach: Dies ist mein lieber Sohn, an dem ich Wohlgefallen habe.

Zwei Schülerinnen unterhalten sich: „Was meinst du: Soll ich für mich einen Avatar schaffen, der wie ein Model aussieht oder wie ein Troll?“ Verwundert mischt sich der Lehrer ein: „Was bitte ist ein Avatar?“ „Naja, wenn man im Internet spielt, kann man sich mit verschiedenen Tools eine eigene Online-Spielfigur basteln, mit der man Abenteuer bestehen muss.“ „Ah! Und was heißt das konkret?“ „Man muss entscheiden, wie der Avatar aussehen soll – durchtrainiert, mit langen Haaren, Engels- oder Fratzengesicht, was er anhat, wie er sich bewegt und verhält ...“ (zit. in: K. Lindner, Avatare und religiöse Sehnsüchte, Kat. Blätter, München, Jg. 134, H. 03/2009, S. 200)

Avatar kommt aus dem Sanskrit und meint das Herabsteigen eines Gottes in irdische Daseinsformen. In dem Internetspiel „World of Warcraft“ verwandeln sich Jugendliche in abenteuerliche, märchenhafte, schöne, starke oder grässliche und erschreckende ... Avatare, die alle möglichen Kämpfe bestehen und aufsteigen oder auch sterben und wieder auferstehen können ...

Mich erinnert dieses Spiel zunächst an den aktuellen Buchtitel von Richard David Precht: „Wer bin ich – und wenn ja wie viele?“

Könnte es sein, dass Jugendliche das Spiel mit geliehenen und selbst geschaffenen virtuellen Identitäten als hilfreich erleben im Dschungel der realen Identitäts-Irrungen und -Verwirrungen ihres Alters?

Sich selbst erproben, erfinden und immer mal wieder neu entwerfen, kann ihnen das helfen, eine Ahnung davon zu bekommen, zu spüren und herauszufinden, wer sie selbst sein können und wer nicht?

Oder kompensieren sie virtuell real erlebte Defizite? Oder zeigt sich darin nicht auch die Sehnsucht, etwas Besonderes zu sein, wichtig, wirksam und machtvoll, Gott gleich sich selbst erschaffen zu können?

Mich erinnert dieses virtuelle Spiel und die darin verborgenen Bedürfnisse Jugendlicher an den Satz eines griechischen Freundes, der in einer ganz anderen Welt als Mönch auf dem Berg Athos lebt und zu mir einmal gesagt hat: „Durch die Taufe bist du eine Ikone Gottes!“

Ikonen sind Fenster zum Himmel oder konkreter gesagt: irdische Gestalten und Personen, in denen göttliche Wirklichkeit transparent und vergegenwärtigt wird ... Das klingt so ähnlich wie das, was im Sanskrit über Avatare gesagt wird. Doch wie könnten Kinder und Jugendliche, schließlich wir alle erahnen, entdecken und erschließen, dass wir selbst durch die Taufe „Avatare“ oder Ikonen Gottes sind, von Gott gewollt, begabt, befähigt und geliebt?

Die Taufe Jesu ist der Schlüssel dazu. Durch die Taufe wird Jesus als Sohn Gottes vor der ganzen Welt offenbar. Als er aus dem Wasser heraussteigt, tut sich der Himmel über ihm auf. Nichts trennt ihn von Gott. Er ist Gott unmittelbar, nah und verbunden. Der Heilige Geist fährt wie eine Taube herab und kommt über ihn. Jesus empfängt den Geist Gottes. Er wird sichtbar und erkennbar als der Mensch, den Gott in der Schöpfungsgeschichte als sein Ebenbild geschaffen hat. Die Stimme vom Himmel verkündet ihn als den Sohn Gottes, den Gott liebt und der ihm gefällt.

Diesem Geschehen, das Jesus als Sohn Gottes offenbart, wohnt ein anderes wesentliches Ereignis inne: Jesus lässt sich von Johannes taufen, der zur Umkehr ruft und zur Bußtaufe auffordert. Was zunächst widersprüchlich wirkt, dient jedoch nur einem einzigen Zweck, dass „alle Gerechtigkeit“ erfüllt würde. Jesus macht sich durch seine demütige „Unterordnung“ unter die Bußtaufe „solidarisch mit dem Sünder“ (E. Schweitzer, Das Evangelium nach Matthäus, NTD2, Göttingen 1976, S. 29). Die Gerechtigkeit Gottes, die sich auf der Erde und unter den Menschen durchsetzt, wird erfüllt durch das ihr entsprechende gehorsame und demütige Handeln Jesu, das wiederum Jesus selbst als Sohn Gottes proklamiert.

Beinahe übersehen könnte man jene leise, gewinnende Bemerkung Jesu zu Johannes: „Lass es jetzt geschehen!“ Es ist die Einladung, mit der Jesus Johannes hineinnimmt in den größeren Geschehenszusammenhang, bevor offenbar wird, wohin er führt und was er zutage bringen wird. Der Bereitschaft, „geschehen zu lassen“, liegt eine Offenheit und ein Vertrauen voraus in das, was unterwegs ist, was kommend ist, und in die Macht dessen, der all dies bewirken und erfüllen wird. Die oben beschriebene Erfüllung „aller Gerechtigkeit“ beginnt genau hier, in dem vertrauenden Sich-Öffnen, Einlassen und Geschehen lassen von Gottes Wirken. Genau darin, in dem „Geschehen lassen“ und in der Weise, wie er Menschen hinein nimmt, erweist sich Jesus als der Sohn Gottes, als der er durch die Taufe proklamiert wird.

Jesus erschafft und erfindet sich nicht selbst wie einen Avatar, er lässt den Willen Gottes an sich geschehen. Darin wird er offenbar als Sohn Gottes, der in unmittelbarer Nähe und Verbundenheit zu Gott steht, der durch den Heiligen Geist Gottes Ebenbildlichkeit trägt, den Gott liebt und der Gott gefällt.

Die Taufe Jesu macht offenbar: Was da geschehen ist, hat mit Dir zu tun, geschah für Dich und Du hast Anteil daran, Du gehörst mit dazu und mit hinein in das, was durch Gott mit Jesus geschehen ist. Es geschieht auch mit Dir. Durch die Taufe Jesu bist auch Du Kind Gottes, Du gehörst zu Gott, Gott ist für Dich wie ein himmlischer Vater.

Gott vergibt und überwindet, was Dich von ihm trennt, er schenkt Dir Leben, neues Leben, ewiges Leben, Leben aus dem Tod. Du bist nicht für immer dem Tod überlassen. Du bist nicht gefangen in Ängsten, Schuld und Einsamkeit, Du bist nicht fest gelegt auf das, was scheitert und zerbricht, was nicht gelingt. Du darfst leben, neu werden, wachsen, Dich sehen und annehmen, wie Gott Dich sieht und liebt. Du bist nicht im Haben, Machen, Kämpfen und Leisten gefangen, sondern zum Da-Sein, zum Leben in der Wirklichkeit Gottes befreit und dem Leben geschenkt. Du bist nicht allein geprägt von dem, was man Dir zugefügt, angetan oder vorenthalten hat, sondern Du bist durch Gott befreit und erlöst, unverwechselbar, einzigartig, wertvoll, geliebt, geborgen, bewahrt, zum Leben begabt und befähigt. Lass es geschehen – jetzt! Das ist die große Einladung Jesu an Dich mit seiner Taufe!

Die Taufe ist das sichtbare Zeichen, das Siegel für dieses Geschehen. Sie kann uns immer wieder vor Augen führen, sichtbar, spürbar und bewusst machen, was uns durch Gott zugesagt, versprochen und verbürgt ist: „Du bist mit Christus verbunden. Er gibt Dir Anteil, nimmt Dich hinein in sein Sterben und Auferstehen. Durch ihn hast du schon jetzt Anteil am Himmelreich. Nichts im Leben und Sterben kann Dich von ihm trennen ..."

Wenn wir dem etwas zutrauen, was durch Jesus geschehen ist und fest darauf vertrauen, dass es auch mit uns geschieht, ja es geschehen lassen und uns davon leiten lassen, dann brauchen wir uns in dieser Welt und in diesem Leben vor nichts und niemanden zu fürchten, denn durch die Taufe und durch Christus sind wir nicht mehr ganz von dieser Welt ...

In der Evangelische Gedächtniskirche in Bad Homburg, an der ich siebzehn Jahre Pfarrer war, zeigen sieben wunderbare Fensterbilder im Jugendstil das Leben Jesu. In der Mitte über dem Chorraum findet sich eine Darstellung der Bergpredigt. Um Jesus sind Menschen versammelt, die den Betrachter sofort an manche Gestalten der biblischen Geschichten erinnern und zugleich mit hineinnehmen in das Bild, dass der Besucher des Gottesdienstes im Hören des Evangeliums, im Singen, Beten und Feiern Teil des Geschehens und der Bergpredigt wird. Nun hat der Künstler die Gestalt Jesu in einer besonderen Geste dargestellt, die auf wunderbare Weise seine Verheißungen sichtbar macht:

Jesus breitet seine Arme über alle, die um ihn herum sitzen und stehen, aber auch über die Menschen in der Kirche aus. Eine Hand zeigt die Geste des Lehrens, die andere die Geste des Segnens. Was er sagt, sind keine leeren Versprechungen. Wer seine Worte hört und aufnimmt, in dem erfüllen sie sich.

Matthäus 5, 1-10

Neu sehen

Als er aber das Volk sah, ging er auf einen Berg und setzte sich; und seine Jünger traten zu ihm. Und er tat seinen Mund auf, lehrte sie und sprach:
„Selig sind, die da geistlich arm sind; denn ihrer ist das Himmelreich.
Selig sind, die da Leid tragen (trauern), denn sie sollen getröstet werden.
Selig sind die Sanftmütigen, denn sie werden das Erdreich besitzen.
Selig sind, die da hungert und dürstet nach der Gerechtigkeit, denn sie sollen satt werden.
Selig sind die Barmherzigen; denn sie werden Barmherzigkeit erlangen.
Selig sind, die reinen Herzens sind; denn sie werden Gott schauen.
Selig sind die Friedfertigen (Frieden stiften); denn sie werden Gottes Kinder heißen.
Selig sind, die um der Gerechtigkeit willen verfolgt werden; denn ihrer ist das Himmelreich."

Wie ein „Spiegelbild" zur Verkündigung der Zehn Gebote durch Moses am Berg Sinai wirkt die Verkündigung der Seligpreisungen durch Jesus. Wie alle Gebote und Weisungen des Volkes Israel nur aus Gottes Zusage zu verstehen sind, so verheißen die Seligpreisungen Jesu denen, die sie hören und darauf vertrauen „Glückseligkeit". Ja, sie sind wirkkräftige Zusagen, die nicht an die Erfüllung von Bedingungen geknüpft sind, sondern die Gott selbst durch Christus erfüllen und durch den Heiligen Geist bewirken wird am Ende der Welt, die mit dem Auftreten Jesu real werden in seinem Wort und im Hören und Vertrauen der Menschen.

„Selig sind, die da geistlich arm sind; denn ihrer ist das Himmelreich."

Geistlich arm ist, wer nichts vorzuweisen hat, sich vor Gott bloß sieht und erkennt, dass er alles bedarf und nichts besitzt. Der wird bereichert, beschenkt, wahrhaft „reich" durch Gott, indem er Anteil gewinnt am Himmelreich, hinein genommen wird, einbezogen wird und dazu gehört zur Herrschaft Gottes. Wer in dieser Weise „geistlich arm" ist, hat Anteil an Gott und ist göttlich, unendlich reich. Es wird ihm an nichts fehlen und nichts mangeln. Er wird in der Liebe Gottes geborgen und erfüllt sein.

Arm sein, arm werden, schließt die Bereitschaft ein loszulassen, nicht mehr festzuhalten, besitzen und haben zu wollen, sondern leer zu werden, frei und empfänglich für die Gegenwart der Liebe Gottes.

Meister Eckart sagt in seiner Predigt „Beati pauperes spiritu, quoniam ipsorum est regnum caelorum" (Mt. 5, 3) über die geistliche Armut: „Dies ist ein armer Mensch, der nicht will und nicht weiß und nicht hat." ... „Soll der Mensch arm sein an Willen, so muss er so wenig wollen und begehren, wie er wollte und begehrte, als er nicht war. Und in dieser Weise ist der Mensch arm, der nicht will." ... „Also sagen wir, dass der Mensch so ledig sein soll seines eigenen Wissens, wie er's tat, als er nicht war, und er lasse Gott wirken, was er wolle, und der Mensch stehe ledig." ...

„Denn, findet Gott den Menschen so arm, so wirkt Gott sein eigenes Werk und der Mensch erleidet Gott so in sich, und Gott ist eine eigene Stätte seiner Werke mit Rücksicht darauf, dass Gott einer ist, der in sich selbst wirkt. Genau dort, in dieser Armut, erlangt der Mensch das ewige Sein, das er gewesen ist und das er jetzt ist und das er für immer bleiben soll." (D. Mieth, Meister Eckart. Einheit mit Gott. Düsseldorf 2008. S. 149.151.153f)

Wo wir diese Botschaft Jesu, seine Verheißung der „Glückseligkeit" hören, empfangen, in uns aufnehmen, auf uns wirken und in uns geschehen lassen, werden wir „reich", dankbar, heiter, gelassen, offen und sehend für das Wunderbare und Überraschende der Liebe, Güte und Herrlichkeit Gottes schon jetzt und gewinnen eine Ahnung von der Vollendung der Herrschaft Gottes, die schon unterwegs ist, aber noch aussteht.

„Selig sind, die da Leid tragen (trauern); denn sie sollen getröstet werden."

Wenn die Klagenden und Trauernden glücklich gepriesen werden, kommt alles in den Blick, was schmerzen, bedrücken und wehtun kann auf dieser Erde.

Die Elenden, die Zerbrochenen, die Gefangenen, die Gebundenen und Geschundenen, die Kranken und Sterbenden, die Ungeliebten und Verstoßenen, die Enttäuschten und Verzweifelten, die Trauernden aller Zeiten und der je eigenen Lebensgeschichte treten vor unsere Augen und ihr Leid rührt unausweichlich unser Mitgefühl, unsere Fragen und Zweifel, unseren stillen und lauten Protest, unsere Ohnmacht und Hilflosigkeit, unser Mit-Leiden an.

Ihnen wird verheißen, dass sie getröstet werden. Sie werden nicht alleine bleiben, nicht vergessen, nicht übersehen, nicht verdrängt und nicht vertröstet, sondern sie sollen Beistand, Hilfe, Heilung, Rettung erfahren, befreit, geheilt, aufgerichtet und versöhnt werden. Ihr Leid und ihre Trauer werden verwandelt und überwunden. Nichts bleibt, wie es ist. Das ist die große Verheißung Jesu, die ganz nah und wirklich wird durch sein Wort und seine Nähe.

In der Nähe Jesu spüren und erleben alle, die leiden und trauern, seine heilende und tröstende Kraft, weil er ihre Not ansieht, sich anrühren lässt, Anteil nimmt, sich einlässt und mitleidet. Er kennt die Tränen und die Schmerzen, weil er sie selbst erlitten hat am eigenen Leibe. Doch er hat sie auch durchgehalten, erduldet, ertragen und am Ende überwunden. Darum kann seine Nähe schon jetzt trösten und heilen, darum wohnt seinem Wort die Zuversicht und die Hoffnung inne, dass er alles Leiden, Sterben und Trauern überwinden wird, wenn er sein Reich aufrichtet.

„Getröstet werden" Leidende und Trauernde, wenn sich jemand zu ihnen hinunter beugt in ihre Not, ihnen beisteht, sie stützt und stärkt, ihre Hand hält, den Arm um sie legt, ihnen seine Kraft leiht, ihre Not mit trägt und ihnen den Blick weitet und ihr Herz öffnet, dass sie sich und ihr Leben wieder spüren, die Kraft, die ihnen zuteil wird und die sie trägt, bis sie sich wieder aufrichten und eigene Schritte gehen können. Was ein langer Weg ist und viel Zeit braucht, beginnt doch mit dem ersten Schritt.

„Selig sind die Sanftmütigen, denn sie werden das Erdreich besitzen."

Das Bild des Sanftmütigen, Milden, Freundlichen und Gewaltlosen erinnert zuerst an Jesus selbst. Er kommt sanftmütig in die Welt und errichtet seine Herrschaft ohne Gewalt. Mit seiner Freundlichkeit, die ohne Falschheit, Arglist und Bosheit ist, mit seiner bedingungslosen, ungeschützten und rückhaltlosen Zuwendung entkräftet und entmachtet er Hass, Zorn, Gewalt und Macht. Seine Herrschaft ist die Liebe.

Einen kleinen Jungen, der mit seinem Spielzeug auf die Erde schlägt, der wie besinnungslos und blind scheint vor Erregung, spreche ich von der Seite an und frage ihn, was ihn denn so geärgert oder verletzt hat, dass er sein Spielzeug am liebsten kurz und klein schlagen möchte. Plötzlich hält er inne mit seinem Schnauben und Keuchen, atmet mit einem Seufzer tief aus und dann brechen die Tränen nur noch aus ihm hervor. Er wird mit einem Mal ganz weich und sanft, schutz- und trostbedürftig. Ich warte ab und schweige, bis er soweit ist und erzählt, was geschah.

Es sind die Verletzungen und Kränkungen, das Unrecht und der Schmerz, die irgendjemand uns zugefügt und angetan hat, die uns so wütend und aggressiv machen können. Im Streit mag es helfen, einen Gegner auf Abstand zu halten, um Schlimmeres zu vermeiden, doch die zerstörerische Kraft kann uns einnehmen, Besitz von uns ergreifen und uns beherrschen, dass wir danach verlangen, zu bestrafen, zu vergelten, zu sühnen, zu zerstören. Sanft und mild, freundlich und gewaltfrei können wir dann nicht sein.

Von Th. W. Adorno stammt das Wort: „Geliebt wirst du einzig da, wo du schwach dich zeigen kannst, ohne Stärke zu provozieren.“ Nur, wo ich mich geliebt, angenommen und geborgen weiß, kann ich auf die Demonstration von Macht und Stärke verzichten, mich auch schwach und verletzlich zeigen. Wenn ich mich vertrauensvoll bei einem anderen aufgehoben und angenommen weiß, bin ich sicher und muss mich nicht rechtfertigen, verteidigen oder auf der Hut sein.

Jesus verlangt und fordert nichts. Er begegnet den Menschen sanftmütig und freundlich, er nimmt sie hinein in seine bedingungslose Liebe, dass sie sich ihm anvertrauen und verwandelt werden. Bei ihm, in seiner Gegenwart können Menschen alle Arglist und Bosheit, alle Falschheit und allen Zorn ablegen, denn bei ihm sind sie geborgen und geschützt, in seiner Obhut kann ihnen nichts Böses widerfahren.

Die sich auf ihn verlassen, die sich ihm schutzlos und vorbehaltlos anvertrauen, sich in die Obhut seiner Liebe begeben, die werden teilhaben an seinem Reich und an seiner Herrschaft im Himmel und auf der Erde. Gegen allen Augenschein wird kein anderer mehr über sie bestimmen und verfügen können, niemand wird ihnen etwas anhaben können, keine Macht der Welt und der Menschen, denn sie sind und wähnen sich in Gottes Hand. Er selbst wird ihnen die Erde anvertrauen und tut es schon jetzt.

„Selig sind, die da hungert und dürstet nach der Gerechtigkeit, denn sie sollen satt werden."

Hunger und Durst sind elementare Bedürfnisse, die den Menschen am Leben erhalten. Sie unterliegen nicht dem eigenen Wollen und Willen, sondern melden sich sozusagen „unaufgefordert" wie ein Signal, ein Impuls, ein Warnruf, dessen Überhören und Nicht-Beachten bedrohlich werden kann. Wer diese existentiellen Bedürfnisse zu steuern oder gar zu zwingen versucht, um sie einem anderen sekundären Bedürfnis oder Wert unterzuordnen, steht in Gefahr schwer zu erkranken. Es liegt in dem Hungern und Dürsten ein tiefes, menschliches Verlangen, den verspürbaren Mangel, der das Leben bedroht, aufzuheben und zu überwinden. Es ist eine Bestimmtheit, die sich mit innerer Notwendigkeit leidenschaftlich meldet und nicht abweisen lässt, ja die sich immer aufs Neue aufdrängt, Gehör und Erhörung verlangt. Hunger und Durst stellen sich immer wieder ein, wo ernsthafter Mangel an dieser grundlegenden Bestimmtheit aufkommen und bestehen.

Wer hungert und dürstet nach Gerechtigkeit, ist von dieser Leidenschaft bewegt und getrieben mit einer inneren Notwendigkeit, weil ein Mangel, eine Not da ist, die Linderung, Überwindung und Sättigung verlangt. Dieser Mangel, die innere Not, die uns unüberhörbar bedrängt, ist die Sehnsucht und der Wunsch, den Willen, die Gerechtigkeit Gottes zu erfüllen, das zu werden, was ein jeder vor Gott und von Gott her ist. Diese Gerechtigkeit ist nicht das eigene oder fremde Wohlgefallen und Anständigsein, das auch nicht schädlich ist, sondern es ist die Entsprechung der Ebenbildlichkeit Gottes, zu der wir begabt und befähigt sind.

In unseren eigenen Grenzen, in unseren Schwächen und in unserer Unzulänglichkeit erfahren wir immer wieder, dass wir nicht so sind und so werden können, wie Gott uns möchte. Diese Diskrepanz, die Nicht-Identität, das verzweifelte Nicht-Selbst-Sein-Können gibt keine Ruhe, sie bohrt und martert, sie quält und drückt, damit wir sie nicht überhören, vergessen, verdrängen, sondern damit sie uns auf Gott zurückwirft, zu Gott hinführt.

Wir hungern und dürsten nach Gerechtigkeit, bis wir bei Gott und durch Gott gesättigt werden, wie jener Zöllner, der im Tempel nichts zu seiner Rechtfertigung vorzuweisen hat, nur seine Hände ausstreckt und Gott um Vergebung bittet. Oder wie jener Schächer am Kreuz, der nichts mehr vermag als zu flehen: „Herr, gedenke meiner, wenn du in dein Reich kommst!“ Von beiden sagt Jesus, dass sie gerechtfertigt seien vor Gott.

Gerechtigkeit Gottes erlangen wir nicht von uns aus, sie widerfährt uns, wird uns zuteil, geschenkt, vererbt durch Christus, der uns zu Gott hinführt, zurückführt, dass wir uns von Gott her und vor Gott so sehen und annehmen können, wie Gott uns sieht und annimmt aus seiner Liebe. Erst aus dieser Verheißung erwächst ein Hunger und ein Durst, der sich ganz und gar und ausschließlich auf Gottes Liebe und Güte richtet, weil er nur dort gestillt und gesättigt wird für immer.

Jesus verheißt die Gerechtigkeit Gottes denen, die danach hungern und dürsten. Er stellt uns in diese Gerechtigkeit Gottes hinein, schließt sie uns auf und lässt sie uns zuteil werden. Wer sein Wort hört und es an sich geschehen lässt, der wird davon verwandelt schon jetzt, so dass er es unbedingt tun will.

„Selig sind die Barmherzigen, denn sie werden Barmherzigkeit erlangen."

Was Barmherzigkeit sei, entfaltet Jesus in der ganzen Bergpredigt, und stets ist es nicht das treue Beachten und Verfolgen des Gesetzes Buchstaben, sondern die darüber hinausgehende Haltung, die aus dem Herzen kommt, aus der Liebe, und die nichts anderes sucht, als der Liebe zu folgen und ihrem Wesen zu entsprechen im Denken und Handeln.

Die Liebe erweist sich in selbstloser, konsequenter Hingabe an den Nächsten, ohne Nutzen, Schaden und Mehrwert zu kalkulieren. Ja, die Liebe ist barmherzig, sie gibt, ohne zu erwarten und zu fordern. Sie kommt aus dem Herzen, das mitfühlt und mitleidet, das sich hingibt für andere. Sie ist an keine Bedingungen geknüpft und an keine Vorleistungen gebunden. Sie kennt keine Grenzen, sondern erfüllt sich in der Liebe zu den Feinden, im Beten für die Verfolger, im Segnen der Gegner, im friedvollen Zugehen auf die Bedroher, im Helfen, Teilen, Trösten und Vergeben von Schuld.

Doch wer hat so eine Liebe? Wer ist zu solcher Liebe fähig? Jesus selbst lebt und ist diese konsequente, hingebende Liebe. In ihm kann uns die bedingungslose und endlose Liebe und Zuwendung Gottes begegnen, uns berühren, ergreifen und verwandeln, dass wir selbst zur Liebe begabt und befähigt werden durch ihn. Wenn wir auf sein Wort hören, uns für seine Liebe aufschließen lassen, hineintreten in den Kraftstrom seiner Liebe, dann kann sie uns durchströmen und durchdringen, dass sie durch uns und in uns sichtbar und spürbar wird in unserem Denken und Handeln.

Wir können durchscheinend und durchlässig werden für seine Liebe, sie kann durch uns wirkungsvoll und mächtig werden in der Welt. Wenn Gott an uns und durch uns handelt und wirkt, dann gelangen wir zur Barmherzigkeit. Barmherzig werden und wirken und handeln wir, wenn wir uns von Gottes großer und starker Barmherzigkeit ergreifen und verwandeln lassen. Dies geschieht und ereignet sich schon jetzt, wenn wir vertrauend diese Verheißung Jesu in uns aufnehmen und uns davon bestimmen lassen.

„Selig sind, die reinen Herzens sind, denn sie werden Gott schauen."

Das Bild von dem „reinen Herzen" weckt in mir eine tiefe Kindheitserinnerung an meine ersten Erfahrungen mit dem Beten. Wenn meine Großmutter mich zu Bett brachte, blieb sie immer eine Weile bei mir sitzen, bis ich alles erzählt hatte, was mich noch bewegte. Sie schaute mich an, hörte zu und war einfach da. Langsam kehrte eine Ruhe ein, die mich ruhig und still werden ließ, es war, als ob alles um uns herum, die Zeit und die ganze Welt still stehen würden. In diesem Moment nahm sie meine Hände und sprach mit leiser, sanfter Stimme, bis ich es selber zu sprechen vermochte und wollte: „Ich bin klein, mein Herz mach rein, es soll niemand drin wohnen als Jesus allein!"

Der Kindheit entwachsen und dem „Kleinsein" entkommen veränderte sich mein Gebet sehr bald, aber eines blieb immer erhalten, jenes Gespür, dass es in meinem tiefsten Innern einen Ort gibt, in den niemand vordringen kann, einen Ort, an dem alles still steht und in sich ruht, an dem Frieden herrscht und an dem Gott mir nahe ist.

Auf meinen Pilgerwegen zum Berg Athos entdeckte ich, dass es ein langer Weg nach innen ist, um mit diesem Ort in Berührung zu kommen, und dass ich dafür die Welt meiner Gedanken, Sorgen, Bedrängnisse, Begehren, Freuden und Leiden einstweilig hinter mir lassen, loslassen und verabschieden muss, um dorthin zu gelangen. Erst in der Unterbrechung des Alltags und alles dessen, was mich bestimmt und beherrscht, komme ich zur Ruhe.

In der Stille, im Gehen und im Beten finde ich alles, was sich an Unrat, an Belastendem, an Offenem, Ungeklärtem, Schuldhaftem, Zerbrochenen, Leidvollem, Abgestorbenem in mir, sozusagen vor der Tür zu meinem Herzen abgelagert hat. Eins nach dem anderen muss ich in die Hand nehmen, anschauen, erinnern, erspüren und klären, was es ist, das mich noch daran hält und bindet, bis ich es loslassen, ablegen und Gott anvertrauen kann. Erst dann, wenn alles in mir leer ist, wenn ich sozusagen „aufgeräumt" bin, dann komme ich zur Ruhe, finde eine Stille, in der ich ganz bei mir selbst sein kann.

In der Stille steigen bisweilen alte, tiefe ungelöste innere Stimmungen und Konflikte auf, die ich verdrängt hatte. Sie nehmen mich neu ein, fangen einen Kampf mit mir an und ich muss mit ihnen ringen, wie mit wilden Tieren, die mein Leben bedrohen und denen ich nicht entkommen kann, bis ich hinter und unter den bösen Fratzen und gefährlichen Klauen erkenne, was mich verfolgt und quält. Meine Verzweiflung über meinen inneren Kampf mit mir selbst, mit meinen ungelösten und unerlösten Seiten und Geschichten, löst sich in Traurigkeit und Tränen auf. Ich finde erst Ruhe und Frieden, wenn ich mich in den „Gegnern meiner Kämpfe“ wiedererkenne und Gott hinhalte, dass er mir Heilung, Vergebung und Versöhnung schenkt.

Wie auf wunderbare Weise entsteht eine noch tiefere Stille und Harmonie, die ganz von Frieden umfangen und durchdrungen ist. Wie „gereinigt“ und geheilt stehe ich vor Gott, bin von Gott umgeben und Gott ist in mir. Im Licht seiner Liebe finde ich mich wieder und erkenne Gottes Gegenwart in allem und durch alles hindurch.

Über die Reinigung des Herzens als lebenslanger Weg der Verwandlung durch die reinigende Liebe Christi sagt der Mönchsvater Antonius: „Das ist das große Werk des Menschen, dass er seine Sünde vor das Angesicht Gottes empor halte, und dass er mit Versuchung rechne bis zum letzten Atemzug.“ (Weisung der Väter, Apophthegmata Patrum, Übers. B. Miller, Trier 1998, S. 16 Nr. 4) Wenngleich vom „Werk des Menschen“ die Rede ist, so ist und bleibt dies, sowie alles, was Menschen zur Reinigung ihres Herzens tun können, ausschließlich Antwort auf Gottes Liebe. Damit Gott uns reinigen, heilen, versöhnen und verwandeln kann, müssen wir uns und unser Herz ihm hinhalten, auf ihn schauen und alles loslassen, was uns davon abhält und trennt. Das Herz zu reinigen, heißt dann ganz konkret und konsequent, sich Gott zu übereignen, ja, Gott zu gehören.

Bei Johannes Cassian heißt es: „Für die Reinheit des Herzens, für die Liebe also, müssen wir all das tun, was wir an asketischen Werken vollbringen; diese sind die Instrumente, die unser Herz von allen schädlichen Leidenschaften befreien können, die uns am Aufstieg zum Vollmaß der Liebe hindern. Fasten, Nachtwachen, Zurückgezogenheit, Meditation der Heiligen Schriften usw. üben wir also um der Reinheit des Herzens willen, die in der Liebe besteht. Was wir tun, tun wir, um Liebende zu werden. Darum ist die Liebe in allem maßgebend. Sie zu erlangen, ist das Ziel unseres Tuns; die Werkzeuge, die wir dabei handhaben, sind zweitrangig." (Johannes Cassian, Spannkraft der Seele, hrsg. G. u. Th. Sartory, Freiburg i.Br. 1981, S. 108)

In der Übung, unsere Herzen zu reinigen, bleiben wir allezeit Übende und auf dem Weg, denn es bedarf einer unaufhörlichen Reinigung durch Gott, die erst am Ende geschehen wird, wenn Gott uns von allem erlösen und wieder erscheinen wird in dem wiederkommenden Christus.

Bis dahin leben wir aus der Verheißung Christi, die in uns lebendig und wirksam wird, wenn wir im Gebet, im Schweigen, Stillwerden und im Hören auf sein Wort uns ganz und gar auf ihn hin ausrichten, uns von ihm und seiner Liebe bestimmen und leiten lassen. Dann werden wir ihn sehen – mit dem Herzen sehen – schon jetzt!

„Selig sind die Friedfertigen (Frieden stiften), denn sie werden Gottes Kinder heißen."

Der Friede, von dem Jesus spricht, umfasst weit mehr als nur „Friedfertigkeit". Er schließt ein Handeln, das Frieden weckt und stiftet, ebenso mit ein wie die innere Haltung, die sich darin ausdrückt. Was Frieden bewirkt und schafft, kann nur aus dem inneren Frieden erwachsen, den jemand gefunden hat. Nur wer Frieden mit sich geschlossen hat, wer im Reinen mit sich und zufrieden ist, wer heil ist und nicht in Zwietracht, im Konflikt oder Streit mit sich, von dem kann Frieden ausgehen. Aber diesen Frieden kann allein Gott uns schenken, indem er uns in Christus seine Liebe offenbart, uns vergibt und versöhnt, dass wir heil werden und Frieden finden.

Das Vertrauen und die Gewissheit, dass Gott Frieden mit uns geschlossen hat, uns alle Friedlosigkeit, Zwietracht und Bosheit, allen Streit, Hass, Groll und Konflikt nicht nachträgt, nicht aufrechnet und bestraft, sondern verzeiht und vergibt, schaffen und wirken in uns etwas neues, ganz anderes, das nicht aus uns kommt, sondern uns zuwächst, geschenkt wird, ein unzerbrochenes, unzerteiltes Einssein mit Gott. Wir dürfen mit Gott einig, versöhnt, im Reinen und im Frieden sein. Was für ein wunderbares Geschenk, ohne das wir keinen Bestand und kein Bleiberecht auf ein Menschsein hätten.

Wir sind begnadet und beschenkt, befriedet und geeint, begabt und befähigt, auch mit uns selbst und unseren Schattenseiten ins Reine zu kommen, einig zu werden und Frieden zu finden. Dies ist oft ein schmerzlicher, langer Weg, denn der Zwiespalt mit sich selbst ist schwerer zu heilen als alle Wunden. Ja, letztlich kann nur Gott diese Wunde heilen und verwandeln, dass er uns Frieden schenkt mit uns selbst – immer wieder neu. Alles, was wir vermögen, ist das dringliche, aufrichtige Gebet, dass er sich unser erbarmt und uns Frieden finden lässt in ihm.

Aus solchem Frieden allein können Menschen Möglichkeiten entdecken, erkennen und erfinden, die aus der ewigen Spirale des Unrechts und Unfriedens heraus führen auf neue Wege, Wege, die miteinander aufeinander zu und zueinander führen, dass Menschen eins werden, die zerstritten sind, Verhasste sich neu sehen lernen, Feinde ihre Schwäche und Verletzlichkeit begreifen und Friede wird. Dann verwirklicht sich, was Jesus verheißen hat, schon jetzt: „Liebt eure Feinde und bittet für die, die euch verfolgen, damit ihr Kinder seid eures Vaters im Himmel ... Darum sollt ihr vollkommen sein, wie euer Vater im Himmel vollkommen ist." (Mt. 5, 45.48)

Wo dieses Wunder sich vollzieht, da geben wir Zeugnis von dem Frieden und der Liebe Gottes, die uns widerfährt und allen verheißen ist, und werden erkennbar, identifizierbar als seine „Kinder", ihm verwandt und verbunden, bis wir am Ende der Welt als „Kinder Gottes" vollendet und ganz mit ihm eins werden.

Der heilige Franz hat mit wunderbaren Worten diese Verwandlung zur Friedfertigkeit im Gebet zum Ausdruck gebracht:

„O Herr, mach mich zu einem Werkzeug deines Friedens: dass ich Liebe übe, wo man sich hasst, dass ich verzeihe, wo man sich beleidigt, dass ich verbinde, wo Streit ist, dass ich die Wahrheit sage, wo der Irrtum herrscht, dass ich den Glauben bringe, wo der Zweifel drückt, dass ich die Hoffnung wecke, wo Verzweiflung quält, dass ich dein Licht anzünde, wo die Finsternis regiert, dass ich Freude mache, wo der Kummer wohnt.

Ach Herr, lass du mich trachten, nicht, dass ich getröstet werde, sondern dass ich tröste, nicht, dass ich verstanden werde, sondern dass ich verstehe, nicht, dass ich geliebt werde, sondern dass ich liebe. Denn, wer da hingibt, der empfängt, wer sich selbst vergisst, der findet, wer verzeiht, dem wird verziehen, und wer da stirbt, der erwacht zum ewigen Leben. Amen.“ (Ev. Gesangbuch, Frankfurt 1994, Nr. 825)

„Selig sind, die um der Gerechtigkeit willen verfolgt werden; denn ihrer ist das Himmelreich.“

Wer den Weg der Gerechtigkeit Gottes in dieser Welt geht, zu gehen versucht, wird auf Widerstände stoßen, nicht nur in seiner eigenen Person und in seinem Leben, sondern auch in dem, was ihm von außen widerfährt. Denn die Eindeutigkeit und Konsequenz der himmlischen Gerechtigkeit Gottes bricht sich, wie Lichtstrahlen sich brechen, wenn sie Luft und Wasser durchdringen, um zur Erde zu gelangen.

Jesus selbst verkündet und lebt die Gerechtigkeit Gottes. Er wird abgelehnt, verfolgt, verurteilt, verhöhnt und getötet. Doch er bleibt sich und seiner Botschaft der Liebe treu. Er geht seinen Weg der Gerechtigkeit konsequent bis ans Ende, ja, er nimmt alle Widerstände auf sich, erduldet und erträgt sie, um der Liebe willen, die nicht anders will und kann. Darin vollendet und verwirklicht er die Gerechtigkeit Gottes durch seine ungebrochene, reine, bedingungslose Liebe. In ihm ist das Himmelreich sichtbar und nahe gekommen, bis er es vollenden wird, wenn er wieder kommt.

Wer sich auf die Liebe Gottes einlässt, ihr vertraut und sich davon führen und leiten lässt, wird in Widersprüche geraten, auf Widerstände stoßen, in Anfechtungen fallen, Versuchungen preisgegeben sein, in Auseinandersetzungen kommen, Kämpfe bestehen und Niederlagen, Brüche, Abweisungen und Leiden erdulden und ertragen müssen, aber all das kann ihm nichts anhaben, ihn nicht von der Liebe Gottes trennen, die in Jesus Christus offenbar und aufgerichtet worden ist, denn er steht unter Gottes Obhut und Schutz, er hat Anteil am künftigen Himmelreich schon jetzt.

Die Seligpreisungen Jesu sind nicht nur Anweisungen zum Glücklichsein, sondern sie beschreiben schrittweise den Weg in ein spirituelles Leben.

Jesus nimmt uns mit seinen Verheißungen zur Glückseligkeit hinein in einen Prozess der inneren und äußeren Verwandlung.

Schritt für Schritt werden wir angeleitet, uns und unser Leben unter Gottes Herrschaft zu sehen. Dabei stellt Jesus alles, was er uns erschließt und erkennen lässt, in die Liebe Gottes, die alles umfängt, durchwirkt und durchdringt.

Wenn wir uns für sein Wort und seine Verheißung öffnen, sie in uns aufnehmen und darauf vertrauen, uns davon führen und leiten lassen, können wir von seiner Liebe berührt und verwandelt werden, dass wir uns, unser Leben und unsere Welt anders, neu sehen lernen, dass wir gereinigt werden, Barmherzigkeit empfangen, Frieden finden, heil und ganz werden und in allen Anfechtungen in Gottes wunderbarer Gegenwart als seine Kinder leben.

In der modernen Psychotherapie gibt es einen Weg, der den Menschen helfen kann, ihr bisheriges Leben und alle krankmachenden Muster in einen anderen Kontext zu stellen, mit anderen Augen zu sehen, dass ihre Sichtweise wieder geöffnet und geweitet wird, dass sie Gelingendes wieder erkennen und sich auf eigene Stärken, Kraftquellen und Ressourcen besinnen, um Problemlösungen und neue Perspektiven zu erfinden und zu gewinnen.

In diesem „reframing“ geht es darum, das Leben hier und jetzt nicht mehr unter dem Fokus der Probleme und ihrer Verstrickungen zu betrachten, sondern neue befreiende Perspektiven zu gewinnen, wenn wir alles in und unter einem „anderen Rahmen“ betrachten.

Die Glückseligpreisungen Jesu sind eine Einladung zu einem „spirituellen reframing“, durch das wir unser Leben neu sehen lernen im Horizont der Herrschaft Gottes, die uns in Jesu Liebe entgegenkommt, uns neue Wege erschließt und umformt, dass wir Gottes Bild entsprechen (Mt. 5, 48).

„Der Alltag ist der Ort der Vaterliebe und Fürsorge Gottes, und nirgendwo anders als im Alltag geht es auch um Gottes Herrschaft und ihre Anerkennung. So geht es in diesen Worten um die wahren Prioritäten im Alltag. Dort, wo der Mensch bisher krampfhaft und ängstlich gesorgt hat, darf er bitten und empfangen. Dort, wo er bisher immer das Zweitwichtigste gesehen hat, geht es ab jetzt um das Wichtigste. Mit Ernst soll er Gottes Gebote achten, mit Gelassenheit die alltäglichen Sorgen."

K. Berger, Biblische Spiritualität, Gütersloh 2003, S. 179

Matthäus 6, 19-21. 25-26. 32-34

Empfänglich werden

Jesus spricht: „Ihr sollt euch nicht Schätze sammeln auf Erden, wo sie die Motten und der Rost fressen und wo die Diebe einbrechen und stehlen. Sammelt euch aber Schätze im Himmel, wo sie weder Motten noch Rost fressen und wo die Diebe nicht einbrechen und stehlen. Denn wo dein Schatz ist, da ist auch dein Herz. Darum sage ich euch: Sorgt nicht um euer Leben, was ihr essen und trinken werdet; auch nicht um euren Leib, was ihr anziehen werdet. Ist nicht das Leben mehr als die Nahrung und der Leib mehr als die Kleidung? Seht die Vögel unter dem Himmel an: sie säen nicht, sie ernten nicht, sie sammeln nicht in die Scheunen; und euer himmlischer Vater ernährt sie doch. Seid ihr denn nicht viel mehr als sie? Nach dem allen trachten die Heiden. Denn euer himmlischer Vater weiß, dass ihr all dessen bedürft. Trachtet zuerst nach dem Reich Gottes und nach seiner Gerechtigkeit, so wird euch das alles zufallen. Darum sorgt nicht für morgen, denn der morgige Tag wird für das Seine sorgen. Es ist genug, dass jeder Tag seine eigene Plage hat.“

Sorgenfrei ist niemand, jeder trägt seine Sorgen mit sich herum, manchmal spüren wir sie auch körperlich, die vielen kleinen Sorgen, die sich wichtig und breit machen können, aber auch die großen Sorgen um andere Menschen, um die Gesundheit, die berufliche Zukunft, um Familie und Kinder, um Arbeit und Geld, um die soziale Gerechtigkeit, um

Frieden und Umwelt und so vieles mehr.

Die Sorgen ablegen, vergessen, loswerden, wenn auch nur für begrenzte Zeit, möchten viele und stürzen sich in Arbeit oder Vergnügen, um zu vergessen, oder suchen Ablenkung, Ruhe und Erholung, um sie klein und auf Abstand zu halten, um Kraft zu schöpfen für die nächste Runde mit ihnen. Manche deuten die Sorgen um und sagen: „Die Sorgen sind meine Freunde, denn sie erinnern mich an das, was wichtig ist.“ Mit dem Slogan: „Simplify Your Life“ werden Besorgte, Gestresste, Erschöpfte und Überforderte eingeladen, das leichte, einfache Leben zu üben und sich nicht allzu sehr zu sorgen.

Allen Versuchen, den Sorgen zu entkommen oder sie ein für alle Male zu besiegen und zu überwinden, machen diese nicht kleiner, sondern größer und mächtiger als zuvor. Es wächst dahinter die Sorge, mit den Sorgen nicht fertig zu werden. Die Sorge und das Sorgen bestimmen unser Dasein, sagt der Philosoph Martin Heidegger, und die Sorge entspringt der Angst vor der Endlichkeit und dem Sterben.

Jesus gibt in der Bergpredigt keine Anweisung, wie wir die Sorgen klein halten oder besorgen können, er lädt uns ein, eine andere Perspektive, eine andere Haltung einzuüben, unser Leben nicht durch Angst und Sorgen bestimmen und beherrschen zu lassen.

„Schau nicht zuerst auf deine Sorgen, auf das, was dich bedrückt, was dir vielleicht Angst macht, sondern schau dich einmal um und sieh dir die Blumen an. Sie wachsen und gedeihen, ohne dass sie etwas anstreben, erkämpfen. Schau dir die Vögel unter dem Himmel an. Sie alle leben, weil Gott der Schöpfer ihnen das Leben gibt und sie am Leben hält.

Schau dich an! Du bist ein Teil von Gottes Schöpfung.

Er ist der Herr dieser Welt und deines Lebens. Er haucht dir Leben ein und er hat die Macht und die Kraft, dich am Leben zu halten. Er wird für dich sorgen wie ein himmlischer Vater! Darauf kannst du vertrauen.

Weil keiner sein Leben selbst in der Hand hat und seinem Leben eine Spanne hinzufügen kann, sorge dich nur um eins: Suche zuerst Gottes Reich und seine Gerechtigkeit, so wird dir alles andere zufallen!"

Gottes Reich, seine Herrschaft und seine Gerechtigkeit suchen, die Augen dafür öffnen und einen Blick dafür gewinnen, dass Gott der Herr dieser Welt ist und ich ein Teil davon bin, von seinem Reich, von ihm gehalten, getragen, bewahrt und geführt. Ich muss nichts erkämpfen, ich brauche mich nicht zu ängstigen. Ich bin nicht frei von Sorgen und kann auch meine Augen vor den Sorgen anderer nicht verschließen, aber sie nehmen mich nicht gefangen, sie beherrschen mich nicht – weil ich darauf vertraue, dass Gott der Herr über alles ist und in allen Dingen herrscht.

Bernhard von Clairvaux sagt zu dieser Freiheit von der Sorge: „Warum dich wieder in Dinge verwickeln lassen, von denen dich Gott befreit hat?" (K. Berger, Biblische Spiritualität, S. 179) Erst wenn ich in allem und in letzter Konsequenz mit Gott rechne und auf Gott vertraue, werde ich frei, alles von Gott zu erwarten und zu erhoffen im Großen wie im Kleinen. Dies sei unsere erste und oberste Aufgabe, danach zu suchen, dass wir vor Gott und von Gott her leben, unsere Hände öffnen, alles loslassen und von Gott erwarten. In der konsequenten Haltung der Empfänglichkeit drückt sich Glaube aus als letztes Vertrauen in die Herrschaft der Liebe Gottes.

Wenn unser Herz bei Gott ist und nicht am Vorläufigen hängt, dann werden die Prioritäten neu verteilt. Was wir dennoch zum Leben brauchen, wird erkennbar, aber auch, worauf wir verzichten können, denn wir sind davon frei.

Wer von Gott her und vor Gott lebt, in allem mit Gott rechnet und auf Gott zählt, der kann nicht mehr anders, der muss auch in allem tun und wollen, was Gott will, damit seine Gerechtigkeit geschieht auf der Erde und unter den Menschen. Dies wiederum schließt die Für-Sorge für alle diejenigen ein, die unter ihren Sorgen zu leiden haben. Denn in unserer „Sorge“ um andere spiegelt sich Gottes Sorge für uns wider oder auch nicht.

Ein Mann sah sich im Traum am Strand des Meeres entlang gehen. Als er stehen blieb und sich umdrehte, erkannte er hinter sich die Spur seines Lebens. Doch plötzlich bemerkte er, dass manchmal vier Fußspuren und dann wieder nur zwei Fußspuren zu sehen waren. Da erinnerte er sich, dass er sich in schwierigen Zeiten immer allein und verlassen gefühlt hatte, und er erkannte, dass es die Zeiten waren, wo er jetzt nur zwei Fußspuren sehen konnte. Aus tiefstem Herzen rief er zu Gott: „Warum hast du mich alleine gelassen, als es mir so schlecht ging?" Doch Gott antwortete ihm: „Du irrst dich, da, wo du nur zwei Fußspuren siehst, da siehst du nicht deine, sondern meine, denn da habe ich dich getragen!"

Matthäus 11, 28-30

Ruhe finden

Jesus spricht: „Kommt her zu mir alle, die ihr mühselig und beladen seid (die ihr euch abmüht und schwere Lasten zu tragen habt); ich will euch erquicken (Ruhe verschaffen). Nehmt auf euch mein Joch und lernt von mir; denn ich bin sanftmütig und von Herzen demütig; so werdet ihr Ruhe finden für eure Seelen. Denn mein Joch ist sanft (erträglich) und meine Last ist leicht."

Wie eine wunderbare Einladung klingt der Ruf Jesu, der unsere Sehnsucht berührt, den tiefen anhaltenden Wunsch nach Entlastung, Erholung und Erquickung für unsere Seelen. Wer möchte das nicht?

Jesus spricht uns da an, wo wir sehr bedürftig sind, müde und erschöpft, kraftlos und matt, belastet und bedrückt, niedergeschlagen und gebeugt, in uns selbst verkrümmt. Vieles fällt einem da ein, was belastet und niederdrückt, Kräfte verzehrt und ermüdet.

Doch das, was uns, was mich im Innersten antreibt, umtreibt, knechtet und verfolgt, ist zuerst und zuletzt mein eigenes Streben nach Anerkennung, nach Erfolg und Wertschätzung, nach Liebe. Das bringt und zwingt uns in eine Bewegung hinein, in der wir uns selbst versklaven und verurteilen zu einem lebenslangen Straflager im eigenen Mühen und Ringen um Selbstbestätigung und Rechtfertigung, vor uns, vor dem Gewissen, vor internalisieren Ansprüchen und Erwartungen, die wir auf alles und jeden und schließlich auch auf Gott projizieren.

Alle, die sich ausgebrannt, matt und erschöpft fühlen, die über dem Streben, sich allein durch Arbeit, Anstrengung und Leistung zu definieren und Erfüllung zu verdienen, krank werden, deren Lebensgeist und Lebenslust gemartert und ausgebeutet wird, bis sie halbtot sind, werden angesprochen und eingeladen, auszusteigen, abzubiegen von der Autobahn der Hochbeschleunigung ihres Lebens und hinzuhören auf die stillen, ungehörten Hilfeschreie und Klagen ihrer Seele. Jesus verleiht unseren müden, abgekämpften und belasteten Seelen seine Stimme, damit wir ihren Schmerz und ihre Bedürftigkeit wieder spüren und wahrnehmen, damit wir uns wieder uns selbst zuwenden, für die eigene Seele sorgen lassen.

Jesus lädt uns ein, zu ihm zu kommen, so wie wir sind, „mühselig und beladen", er will uns erquicken und Ruhe verschaffen. Wir brauchen keine Verdienste vorzuweisen, wir müssen uns den Eintritt nicht verdienen, aber wir müssen uns ansprechen und anrühren lassen von seinem Wort, uns für ihn öffnen und auf ihn hören, uns auf- und herausrufen lassen aus unserer Spirale der Selbstzerstörung und die Sehnsucht spüren, die seine Verheißung in uns wecken will.

Jesus spricht uns an, unsere gequälten und belasteten Seelen, damit sie aufatmen und zur Ruhe finden. Die Ruhe, die er verheißt, die wir in seiner Nähe, bei ihm finden können, hat nichts mit Atempausen und Urlaubsreisen zu tun, um die Seele einmal baumeln zu lassen, sondern sie ist wie ein weiter Raum, den wir betreten dürfen, in dem wir sein und bleiben dürfen, wo wir alles, was uns antreibt und verfolgt, ablegen und sein lassen dürfen, um still zu werden, da zu sein und die Stille zu spüren, die dann kommt, uns einnimmt und still werden lässt.

Nur wenn wir unseren Alltag unterbrechen, unsere Mühen sein lassen und unsere Lasten ablegen, alles loslassen, still werden und in der Stille uns öffnen für die Einladung Jesu, können unsere Herzen zur Ruhe kommen, in ihm ruhen.

In der Stille können wir da sein vor Gott, ein- und ausatmen, in den Rhythmus des Lebensatems einstimmen, den er uns einhaucht und alles, was uns belastet, loslassen und ihm übergeben, dass er uns befreit und erlöst, neue Lebenskraft schenkt, uns neu zum Leben erweckt.

Das Loslassen entlastet und macht uns frei, im Beten schenkt Gott uns neue Kraft, indem er unsere müden Seelen mit seinem Geist neu belebt, ermuntert und aufrichtet. Wir spüren, dass wir unser Leben und seine Herausforderungen neu annehmen können und nicht alles bleiben muss, wie es ist.

Aus der alten Unterjochung und Abhängigkeit führt Jesus uns heraus und lädt uns ein, uns an ihm zu orientieren und seinem Beispiel zu folgen: „Nehmt auf euch mein Joch und lernt von mir; denn ich bin sanftmütig und von Herzen demütig; so werdet ihr Ruhe finden für eure Seelen."

Das Bild vom Joch erinnert mich an ein altes Foto, das meinen Großvater beim Pflügen auf dem Feld mit zwei Kühen zeigt, die unter einem Joch zusammen gespannt sind und vereint den schweren Ackerpflug ziehen. Das Bild lässt sofort erkennen, wie dieses Joch beide Tiere aneinander bindet und vereint. Die Tiere müssen angeleitet werden, um zu lernen, aufeinander zu achten, sich aufeinander einzustimmen, in dieselbe Richtung zu ziehen und im Gleichschritt miteinander zu bleiben, damit sie ihr Aufgabe gut meistern, ohne unter dem Druck und der Last des Joches zu leiden, sondern einander stärken und stützen. Im Zusammenspiel der Zugtiere übernimmt eines von beiden immer die führende Aufgabe.

Christus lädt uns ein, sein „Joch“ auf uns zu nehmen und von ihm zu lernen, uns auf ihn einzulassen, uns an ihn zu binden und von ihm führen zu lassen. Sein Joch ist die Liebe, die ihn dann auch ins Leiden und in den Tod führen wird. Er will uns hineinnehmen in seine Liebe, die uns wie ein Band mit ihm verbinden und vereinen soll. Unter seiner Liebe wird unser Leben kein Spaziergang und keine Lustreise werden, aber wir werden von ihm geführt und geleitet, wir werden nicht länger von äußeren und inneren Ansprüchen beherrscht, sondern von seiner Liebe bestimmt, die es gut mit uns meint und die uns erfüllt.

Durch dieses Joch der Liebe Christi werden wir auch in Leiden und Anfechtungen geführt, ja, auch Krankheit und Tod bleiben uns nicht erspart, aber wir sind darin nicht allein, Christus bleibt uns nah und wir bleiben mit ihm verbunden. Er führt uns hindurch und wird uns durch seine Liebe verwandeln.

Indem wir in Christi Liebe eingebunden sind, können wir nicht anders, als in der Spur seiner Liebe, im Einklang und Gleichklang mit ihm unseren Weg zu gehen und unsere Arbeit in diesem Leben zu tun – von seiner Liebe bestimmt und geführt.

Durch die Bindung an Christus werden wir durch ihn bestimmt und lernen, so zu werden wie er, sanftmütig und von Herzen demütig. Jesus verzichtet auf Gewalt und Macht, sein Wesen und sein Weg ist die Zuwendung und Hingabe, die einlädt, einnimmt, Anteil nimmt und Anteil gibt, die heilt und tröstet, die vereint und verwandelt. Er zwingt und beherrscht niemanden, er gibt sich hin, macht sich selbst verletzlich und entsagt menschlicher Macht, weil er durch seine Hingabe, seine Fürsorge und sein Mitleiden sich schenkt, alles verwandelt und durchdringt.

Wer sich durch diese Liebe Christi anrühren, einnehmen und bestimmen lässt, der wird und muss alles, was ihr zuwider ist und widerspricht, verachten und vermeiden, weil es sie verletzt. Dies wird ganz konkret, wenn wir uns in allem, was uns widerfährt, was andere uns antun und was wir selbst verschulden an Verletzungen, Unrecht und Gewalt, nicht davon beherrschen und bestimmen lassen, was nach Sühne, Wiedergutmachung, Zorn, Hass oder Strafe verlangt, sondern uns unter das „Joch“ Christi beugen und davon führen lassen. Das wird bisweilen schmerzlich sein und drücken, aber es wird uns in Einklang und Gleichklang mit ihm bringen.

Wer sich unter das „Joch“ der Liebe Christi einbinden lässt, der wird von Jesus auch in die Demut geführt, die niemand aus eigenem Ansporn und Antrieb erwerben kann. „Die Demut ist das Kleid Christi, das nur Gott uns umlegen kann“, hat Bruder Stefanos vom Kloster Philotheou (Berg Athos) einmal zu mir gesagt, als ich ihn gefragt habe, wie man die Demut lernen könne. Nur durch die Bindung an Christus, die uns bestimmt und verwandelt, können wir Anteil gewinnen an seiner Demut.

Bei Johannes Klimakus heißt es von der Demut: „Sie ist unbeschreiblicher Reichtum und eine Bezeichnung und ein Geschenk Gottes: ‚Denn lernt...‘, heißt es (Mt 11, 29), nicht von einem Engel, nicht von einem Menschen noch aus einem Buch, sondern ‚von mir ...‘, d. h. von meinem Innewohnen, meiner Erleuchtung und Wirkung in euch, ‚dass ich sanftmütig bin und demütig von Herzen ...‘.“

(Heiliger Johannes vom Sinai, Klimax oder Die Himmelsleiter, hg. v. Berg-Sinai-Stiftung, Athen 2000, S. 243)

Die Demut, welche allein aus dem Innewohnen und der Wirkung Christi in uns kommt, kann dann aber ganz konkret in uns wirken und uns verwandeln, dass wir nichts von unserer eigenen Macht und Wirkung erwarten und erstreben, sondern alles einzig und allein in Gottes Herrschen und Wirken stellen. Erst wenn wir nichts mehr erstreben, sondern alles von Gott empfangen, absichtslos und -frei uns dem Willen Gottes anvertrauen und ihm allein alles zutrauen, werden wir frei von unserem bestimmen und beherrschen Wollen und empfänglich für die Demut, die Gott uns durch die Liebe Christi schenkt. Unter dem „Joch" der Liebe Christi werden wir auch in die Demut geführt, die unser Leben und Handeln durchdringen wird.

Wer sich von der Liebe Christi bestimmen und führen lässt, wer so Christi Sanftmut und Demut erwirbt und lernt, der wird auch Ruhe finden für seine Seele, denn er findet bei Gott einen Raum, wo er da sein und bleiben darf. Unsere Seelen, die so „mühselig und beladen" sind, können frei werden von der Herrschaft ihrer Sorgen und ihres Strebens, wenn wir uns ganz und gar Gott und seiner Führung durch die Liebe Christi anvertrauen im anhaltenden Gebet und wenn wir von Gott her und vor Gott leben.

Augustinus sagt über diese Ruhe der Seele: „Meine Seele ist unruhig, bis sie Ruhe findet in dir, Gott." Letztlich ist es das tiefe Vertrauen, sich in allem von Gott geborgen und getragen zu wissen. Daraus wächst eine Gewissheit und eine Zuversicht, die unsere Seelen heiter und gelassen, froh und leicht machen kann mitten im Leben.

„Gott erkennen, heißt
die Wohltaten Christi erkennen."

Philipp Melanchthon

Joh. 1, 1 – 18

Erleuchtet werden

Im Anfang war das Wort, und das Wort war bei Gott und von Gottes Art. Dasselbe war im Anfang bei Gott. Alle Dinge sind durch dasselbe gemacht, und ohne dasselbe ist nichts gemacht, was gemacht ist. In ihm war das Leben und das Leben war das Licht der Menschen. Und das Licht scheint in der Finsternis und die Finsternis hat's nicht ergriffen (überwunden, verschluckt).
Es kam ein Mensch, von Gott gesandt, der hieß Johannes. Der kam zum Zeugnis (Zeugendienst), um von dem Licht zu zeugen, damit sie alle durch ihn glaubten. Er war nicht (selbst) das Licht, sondern er sollte zeugen von dem Licht.
Das war das wahre (wahrhaftige) Licht, das alle Menschen erleuchtet, die in diese Welt kommen. Er war in der Welt, und die Welt ist durch ihn gemacht; aber die Welt erkannte ihn nicht. Er kam in sein Eigentum; und die Seinen nahmen ihn nicht auf. Denen aber, die ihn aufnahmen, gab er Macht, Gottes Kinder zu werden, die an seinen Namen glauben (die sich seinem Namen anvertrauen), die nicht aus der Art noch aus dem Willen des Fleisches noch aus dem Willen eines Mannes, sondern von Gott geboren sind.
Und das Wort ward Fleisch (erschien in einem Menschen) und wohnte unter uns, und wir sahen seine Herrlichkeit, eine Herrlichkeit als des einzig geborenen Sohnes vom Vater, voller Gnade und Wahrheit. Johannes gibt Zeugnis von ihm und ruft: Dieser war es, von dem ich gesagt habe: „Nach mir wird kommen, der vor mir gewesen ist; denn er war eher als ich." Denn

aus seiner Fülle haben wir alle Gnade um Gnade empfangen. Denn das Gesetz wurde durch Mose gegeben, die Gnade und die Wahrheit ist durch Jesus Christus geworden. Niemand hat Gott jemals gesehen; der Einziggeborene von Gott, der bei Gott ist (seinen Platz bei Gott hat), hat ihn uns verkündigt.

Manchmal kommt es vor, dass man lange nach einer Veranstaltung in der Jacketttasche eine alte Visitenkarte findet von jemandem, dem man dort begegnet ist, den man kennen gelernt hat und mit dem man ins Gespräch gekommen ist. Irgendwann hat mir derjenige seine Visitenkarte gegeben, die ich nun in der Hand halte und lese. Sie erinnert mich an seinen Namen, ich erfahre, wo er herkommt und wohnt, was er beruflich macht und vielleicht auch seine besonderen Qualifikationen und Verdienste. Die Visitenkarte erinnert mich daran, mit wem ich es zu tun habe, sie vergegenwärtigt meinen Gesprächspartner und stellt ihn mir vor Augen, dass ich sein Bild wieder vor mir sehe und erkenne, welchen Eindruck er bei mir hinterlassen hat. Daran wird sich entscheiden, ob ich sie aufbewahre und vielleicht seine Adresse festhalte, um den Kontakt nicht zu verlieren oder ob sie bedeutungslos im Papierkorb landet.

Der Prolog des Johannes-Evangeliums könnte so eine Art „Visitenkarte“ sein, die einen erinnert und vergegenwärtigt, der uns vorgestellt wird als Logos, Wort, Licht, Leben, Mensch, Jesus Christus, Gottes Sohn. Von ihm heißt es, dass er von Gott auf die Erde gekommen und Mensch geworden ist, damit alle durch ihn erleuchtet werden, Gott erkennen und seine Herrlichkeit sehen. Und dann folgt eine unendliche Liste von Referenzen, was dieser alles bewirkt und getan hat, was seine himmlische Herrlichkeit bezeugt.

Das Johannes-Evangelium will von den Offenbarungen Gottes in Christus Zeugnis geben und nimmt uns hinein in das Geschehen von der Menschwerdung des göttlichen Logos, um uns durch sein Licht zur Erleuchtung, zur Erkenntnis der Wahrheit und Wirklichkeit Gottes zu führen, damit wir einstimmen in den Lobpreis der Herrlichkeit Gottes, von der alles ausgeht und zu der alles zurückkehrt. Doch folgen wir dem Johannes-Prolog Schritt für Schritt, lassen wir uns mit auf den Weg nehmen und die Augen und Herzen aufschließen für das, was er uns zeigen und eröffnen will.

Der Logos ist mehr als das Wort. Für die zeitgenössische Philosophie ist der Logos das Prinzip allen Seins, die Weltvernunft, das Weltgesetz, die göttliche Urkraft, von der die ganze Welt erschaffen, gestaltet und durchwaltet wird. Ähnlich ist im Judentum von der Weisheit als Architektin Gottes bei der Erschaffung der Welt die Rede. In der Sprache des Johannes-Evangeliums wird der Logos, der am Anfang bei Gott ist und durch den alles geschaffen ist, identifiziert mit Jesus Christus als dem fleischgewordenen Sohn Gottes.

Jesus Christus kommt als Logos aus einer uranfänglichen Einheit mit Gott, durch die er Anteil hat an der Schöpferkraft Gottes und alles Geschaffene an ihm partizipiert. Als Logos ist er in allem und durchdringt alles, was ist. Nichts ist ihm fremd, nichts unbekannt und nichts verschlossen. Alles, was geschaffen ist, hat Anteil an seiner schöpferischen Macht und wird durchscheinend für sie. So kommt er als der Anfänger in die Welt, um die Schöpfung zu erneuern und zu vollenden.

Die ganze Schöpfung ist wie ein Fenster, durch das wir sein Licht sehen, das Leben schafft und erhält. Sein Licht scheint in die Finsternis, aber die Finsternis kann es nicht verschlingen und nicht auslöschen. Selbst in der finstersten Nacht verlöscht sein Licht nicht, wie das Licht der Sonne weiter leuchtet und die Welt durchdringt, auch wenn wir sie nicht sehen in der Nacht.

Als unsere Kinder klein waren, haben sie beim Zubettbringen immer wieder gewünscht, dass wir im Flur ein Licht brennen lassen. Meine Tochter hat mir dazu einmal erklärt: „Wenn ich nachts wach werde und alles ist stockdunkel, dann bekomme ich Angst, aber wenn ein Licht brennt, weiß ich, dass ich nicht allein bin." Das Licht in der Dunkelheit lässt uns etwas ahnen und spüren von der Art wie Gott in der Welt und in unserem Leben gegenwärtig ist und wirkt.

Gerhard Teerstegen besingt in seinem Lied „Gott ist gegenwärtig" (EG 165) in der sechsten Strophe das Licht Gottes und lädt ein, sich diesem Licht hinzugeben und es in sich aufzunehmen: „Du durchdringest alles; lass dein schönstes Lichte, Herr, berühren mein Gesichte. Wie die zarten Blumen willig sich entfalten und der Sonne stille halten, lass mich so, still und froh, deine Strahlen fassen und dich wirken lassen."

Von diesem Licht, das Leben schafft und erhält, das in Jesus Christus in die Welt kommt und sichtbar wird, zeugt Johannes der Täufer, um die Menschen auf ihn, auf sein Kommen hinzuweisen, ihre Herzen und Augen für sein Licht zu öffnen. So wie Johannes der Täufer, seine Predigt, sein Leben und seine Bußtaufe kann alles, was von dem Licht und Leben Gottes durchdrungen ist, für Gott durchsichtig werden und auf sein Wirken hinweisen, sein Licht widerspiegeln und weitergeben, selbst Lichtträger werden und Zeuge sein. Es sind nie wir selbst, die strahlen, es strahlt und leuchtet durch uns hindurch, damit der sichtbar und erkennbar wird, der durch uns wirkt.

Christus ist das wahre Licht, das in die Welt kommt und alle Menschen erleuchtet. Alle, die vom Licht und Leben des Schöpfers durchdrungen sind, können dieses Licht erkennen. Jesus ist das wahre Licht für alle Menschen, weil er sie erleuchten kann. Durch ihn geht den Menschen nicht nur ein „Licht auf", sondern er lässt seinen hellen Schein in die Herzen der Menschen leuchten, dass sie davon berührt, erwärmt und erhellt werden, dass sie sich aufschließen und öffnen für ihn, sich von seinem Licht durchdringen und reinigen lassen, dass sie sehend werden und in seinem Licht Gott schauen, seine Gegenwart und sein Wirken erkennen und davon verwandelt werden.

„Doch die Welt erkannte ihn nicht und die Seinen nahmen ihn nicht auf." Er trifft auf Widerspruch und weckt Widerstand, doch sein Licht wird nicht von der Finsternis verschlungen und verlöscht nicht. Die ihn aber aufnehmen und sich ihm anvertrauen, werden ermächtigt und befähigt, Gottes Kinder zu werden. Sie werden von Gott verwandelt und neu geboren, empfangen seine Gnade und gehören untrennbar zu ihm, sie sind in seiner Liebe geborgen.

Von dieser wunderbaren Verwandlung erzählt das Johannes-Evangelium und gibt Zeugnis von dem, der die Herzen der Menschen erleuchtet und ihr Leben erneuert:

Auf der Hochzeit in Kana wird durch ihn Wasser in Wein verwandelt. Die Samariterin am Brunnen, die an ihrem „Durst" nach Liebe verzweifelt ist, erkennt in ihm die Quelle des Lebens. Auf die vertrauensvolle Bitte des königlichen Beamten wird sein Sohn geheilt. Dem Lahmen am Teich Betesda befiehlt er aufzustehen. Hungernde werden gesättigt und erkennen in ihm das Brot des Lebens, in dem sie alles empfangen, was sie brauchen und was ihren Hunger nach Leben für immer stillen wird, damit sie Frieden finden. In ihrer Angst im Seesturm erfahren die Jünger durch seinen Beistand und seine Nähe, dass sie sich vor nichts in dieser Welt zu fürchten brauchen.

Die Ehebrecherin erfährt Gnade und darf neu beginnen, sie bekommt, was sie braucht, nicht was sie verdient nach dem Gesetz. Dem Blinden werden die Augen geöffnet, dass er sehend wird und in Jesus das Licht der Welt erkennt, das alles Dunkel erhellt und durchdringt.

Jesus gibt sich den Menschen zu erkennen als der gute Hirte, der sein Leben lässt für die Schafe, damit sie das ewige Leben empfangen und in seiner Hand geborgen sind. Der entschlafene Lazarus wird durch ihn auferweckt, aus dem Tod ins Leben verwandelt, aus dem Dunkel ins Licht geführt, damit alle sehen und erkennen, dass Jesus die Auferstehung und das Leben bringt und dass alle, die an ihn glauben, nicht an den Tod verloren gehen werden.

Er gibt sich den Menschen zu erkennen als der Weg, die Wahrheit und das Leben, nur durch ihn können sie zu Gott kommen und Gottes Wirklichkeit schauen. Wie die Reben vom Weinstock leben und durch ihn Frucht bringen, so will Jesus mit den Menschen verbunden bleiben und sie an sich binden, damit sie gerettet werden. Mit seinem großen Liebesbekenntnis nimmt er sie in die Liebe Gottes hinein und bindet sie an die Liebe, damit sie einander lieben, wie er sie liebt und seinem Beispiel folgen.

Durch Ablehnung, Verfolgung, Verspottung, Verurteilung, Leiden und Tod hindurch bleibt Jesus der, an dem und durch den die Menschen die Liebe Gottes erkennen. Vom Tod wird er auferweckt und begegnet den Menschen neu, damit sie die Herrlichkeit Gottes an ihm sehen und seine Zeugen werden in der Welt.

Alles, was Jesus sagt und tut, bringt Licht in das Leben der Menschen, öffnet ihre Augen und erleuchtet ihre Herzen, dass sie ihn erkennen und in ihm die Herrlichkeit Gottes schauen. Wer ihn sieht, erkennt die Herrlichkeit Gottes. So, wie er den Menschen begegnet, ist Gott für uns da. Darin wird er als Gottes Sohn offenbar, durch ihn kommt die Gnade und die Wahrheit Gottes für alle und für immer ans Licht.

Gottes Liebe ist größer und mächtiger als alles. Wer sich in seiner Liebe birgt, in ihr Zuflucht sucht, wird nicht verloren gehen, sondern das ewige Leben empfangen und nicht aus Gottes Hand fallen. Durch Jesus wird die Wahrheit über Gott offenbar, die unvergängliche Wirklichkeit seiner Liebe und seiner Macht, die über Irrtum und Tod triumphieren.

Von Jesus haben wir Gottes Gnade empfangen, die ganz konkret und existentiell unser Leben heilt, befreit, rettet und verwandelt, wenn wir uns ihm anvertrauen, sein Licht in unsere Herzen leuchten lassen, so dass wir nicht anders können, als seine Macht und Herrlichkeit zu loben und zu preisen und Zeugnis zu geben von ihm.

Wie durch Mose das Gesetz gegeben wurde, das alles Leben in der Welt regelt und ordnet, so ist durch Jesus die Gnade und die Wahrheit Gottes als die „neue Ordnung" Gottes für die Welt und die Menschen offenbar geworden. Niemand kann Gott sehen, aber in Jesus, der von Gott gekommen und bei Gott ist, wird für uns sichtbar, dass wir in Gottes Wirklichkeit geborgen sind und in seiner Gegenwart leben. Er hat dies bezeugt, damit wir Gott verherrlichen und anbeten.

Was wir tun, wonach wir uns richten und handeln im Leben, soll auf ihn hinweisen, sein Wirken und seine Gnade an uns bezeugen. Wie die Eisenspäne durch den Nordpol magnetisiert werden und sich nach ihm ausrichten, auf ihn hinweisen in der Kompassnadel, so sollen wir uns von Gottes Liebe und Macht ausrichten, leiten und führen lassen, dass alles an uns auf ihn hinweist und seine Herrlichkeit lobt und preist in der Welt.

„Die wichtigste Stunde ist immer die Gegenwart,
der bedeutendste Mensch ist immer der,
der dir gerade gegenüber steht,
das notwendigste Werk ist stets die Liebe.“

Meister Eckhart

Johannes 14, 15-26 und 16, 5-15

Geführt und geleitet werden

Jesus spricht: „Wenn ihr mich liebt, werdet ihr meine Gebote halten. Und ich werde den Vater bitten, und er wird euch einen anderen Beistand (Fürsprecher) geben, dass er bei euch sei in Ewigkeit: den Geist der Wahrheit, den die Welt nicht empfangen kann, weil sie ihn nicht sieht und nicht kennt. Ihr kennt ihn, denn er bleibt bei euch und wird in euch sein. Ich werde euch nicht als Waisen zurück lassen, ich komme (wieder) zu euch. Es ist noch eine kleine Zeit, dann wird mich die Welt nicht mehr sehen. Ihr aber sollt mich sehen, denn ich lebe, und ihr werdet auch leben. An jenem Tag werdet ihr erkennen, dass ich in meinem Vater bin und ihr in mir und ich in euch. Wer meine Gebote hat und hält sie, der liebt mich. Wer mich aber liebt, der wird von meinem Vater geliebt werden, und ich werde ihn lieben und mich ihm offenbaren. Spricht zu ihm Judas, nicht der Iskariot: Herr, was bedeutet es, dass du dich uns offenbaren willst und nicht der Welt? Jesus antwortete und sprach zu ihm: Wer mich liebt, der wird mein Wort festhalten (bewahren); und mein Vater wird ihn lieben, und wir werden zu ihm kommen und Wohnung bei ihm nehmen. Wer aber mich nicht liebt, der hält (bewahrt) meine Worte nicht fest. Und das Wort, das ihr hört, ist nicht mein Wort, sondern des Vaters, der mich gesandt hat. Das habe ich zu euch geredet, solange ich noch bei euch bin. Aber der Beistand (Fürsprecher), der heilige Geist, den der Vater in meinem Namen senden wird, der wird euch alles lehren und euch an alles erinnern, was ich euch gesagt habe. (Joh. 14, 15-26)

Jetzt aber gehe ich hin zu dem, der mich gesandt hat; und niemand von euch fragt mich: Wo gehst du hin? Doch weil ich das zu euch geredet habe, ist euer Herz voll Trauer. Aber ich sage euch die Wahrheit: Es ist gut für euch, dass ich fortgehe. Denn wenn ich nicht fortgehe, wird der Beistand (Fürsprecher) nicht zu euch kommen. Wenn ich aber hingehe, werde ich ihn zu euch senden. Und wenn er kommt, wird er der Welt die Augen öffnen (überführen) in Bezug auf Sünde, Gerechtigkeit und Gericht; in Bezug auf die Sünde, dass sie nicht an mich glauben; in Bezug auf Gerechtigkeit, dass ich zum Vater hingehe und ihr mich nicht mehr seht; und in Bezug auf Gericht, dass der Herrscher dieser Welt gerichtet ist. Ich habe euch noch vieles zu sagen; aber ihr könnt es jetzt nicht ertragen. Wenn aber jener kommt, der Geist der Wahrheit, wird er euch in die ganze Wahrheit führen. Denn er wird nicht aus sich selber reden; sondern was er hören wird, das wird er reden, und das Kommende wird er euch verkündigen. Er wird mich verherrlichen, denn er wird's von dem Meinigen nehmen und euch verkündigen. Alles, was der Vater hat, das ist mein; darum habe ich gesagt, dass er's von dem Meinigen nehmen und euch verkündigen wird. (Joh. 16, 5-15)

Im alten Griechenland gab es einen guten Brauch, bei Vertragsabschluss oder Eheschließung eine Münze in der Mitte durchzubrechen und jedem der Partner eine Hälfte zu übergeben. An der Bruchstelle konnten beide Teile ineinander gelegt und zusammengefügt werden. Jeder hatte mit seinem Teil ein Symbol für den geschlossenen Bund und konnte den Partner und sich damit immer wieder auf das gegebene Wort verpflichten.

Wer ein solches Symbol für die Eheschließung mit sich trägt, wird immer und überall an seinen Partner erinnert, mit dem er in Liebe verbunden ist und dem er Treue versprochen hat. Ja, mit dem Symbol ist nicht nur das Band, das beide verbindet, sichtbar, sondern auch das gegenwärtig, was diese Beziehung trägt, die Liebe. Hält einer seine Hälfte der zerbrochenen Münze in der Hand, dann erinnert und spürt er die Verbundenheit und Einheit mit dem Anderen. Nur beide Hälften zusammen bilden das Ganze der Beziehung und der Liebe ab, die unverwechselbar und einzigartig ist. Doch jede der beiden Hälften trägt die andere, die fehlt, immer unsichtbar in sich und mit sich und weist auf diese hin.

Über Trennung und lange Zeit hinweg hält so ein Symbol die Liebe wach und am Leben, indem sie sich darin immer wieder in Erinnerung bringt und vergegenwärtigt. Offensichtlich braucht es für uns Menschen solche Symbole, die die Kraft und die Macht haben, eine erlebte, gefühlte Wirklichkeit zu bewahren, zu vergegenwärtigen und neu zu stiften, damit sie nicht abstirbt und verloren geht.

Jesus verspricht den Jüngern und allen, die an ihn glauben, einen anderen Beistand und Helfer, durch den sie mit ihm verbunden bleiben und der seine Liebe in ihnen gegenwärtig und wirksam werden lässt. Diesen Beistand und Begleiter werden sie von Gott empfangen und er wird immer bei ihnen bleiben und in ihnen sein.

Der Evangelist Johannes nennt ihn Paraklet, einen, der zum Fürsprecher, Helfer, Mittler, Anwalt und Berater für die wird, die mit Christus verbunden sind und zu ihm gehören, wenn er von ihnen gehen muss. Er wird sie leiten und führen, er wird immer bei ihnen und in ihnen sein. Durch ihn werden sie mit Christus vereint bleiben und er wird in ihnen gegenwärtig sein, auch wenn er selbst nicht mehr unter ihnen ist.

Den Geist Gottes kann man mit menschlichem Verstand und mit weltlicher Vernunft nicht erfassen und nicht begreifen. Aber diejenigen, die sich für Jesus Christus aufschließen, ihn aufnehmen und auf ihn vertrauen, empfangen ihn und erkennen ihn. Denn er wird sie in der Wahrheit leiten, die ihnen Jesus offenbart hat, und wird ihnen helfen, in der Liebe zu bleiben, sich an sein Wort und sein Gebot zu halten. Er verleiht ihnen die Kraft und die Fähigkeit, in Christus und in seiner Liebe zu bleiben und ihn vor allen Menschen zu bezeugen.

Der Geist der Wahrheit ist für uns ein Beistand und Fürsprecher unseres Glaubens. Wir empfangen ihn von Gott. Er nimmt Jesu Stelle ein, er lehrt uns alles und erinnert alles, was Jesus gesagt und getan hat. Durch ihn und in ihm ist Jesus selbst gegenwärtig unter uns und in uns. Wir bleiben nicht als Waisen zurück, ebenso wenig wie die Jünger, wir sind nicht allein gelassen, sondern durch den Geist der Wahrheit bleibt Jesus in uns und wir in ihm. Er ist in uns gegenwärtig mit seiner Liebe, die uns verwandelt, dass wir selbst zur Liebe begabt und befähigt werden.

Durch den Geist der Wahrheit, der von Gott kommt, der uns die Wahrheit schauen lässt, der uns beisteht und in uns wohnt, bleibt die Liebe Jesu in uns gegenwärtig und wirksam, dass wir seinem Beispiel, das er uns gegeben hat (Joh. 13), folgen und danach handeln. Seine Liebe durchdringt und verwandelt uns, dass wir in ihr bleiben und aus ihr leben können.

Durch die Liebe sind wir in Christus und er ist in uns und mit ihm sind wir in Gott. Nichts kann uns von ihr trennen und zwischen uns treten, in dieser Welt nicht und auch nicht im Tod, denn der Geist, den Gott uns schenkt, steht uns bei und hilft uns, in der Liebe und in Christus zu bleiben (Joh. 15). Aus dieser Verbundenheit und Einheit können wir nicht herausfallen, denn die Liebe Gottes hört nicht auf und sein Geist wird uns in der Wahrheit leiten.

Wenn wir uns von dem Geist der Wahrheit leiten lassen und in der Liebe bleiben, dann können wir nicht anders, als ihr zu folgen und von ihr Zeugnis zu geben in allem, was wir sagen und tun, dass sich in unserem Leben die Liebe Gottes widerspiegelt. Wo wir das Gebot Jesu von der Liebe festhalten und uns daran orientieren, wo wir der Liebe, durch die er sich mit uns und uns mit ihm verbunden hat, treu bleiben, uns in allem von ihr bestimmen lassen, scheint in unserem Leben und in der Welt etwas von der Herrlichkeit Gottes auf, die in Jesus offenbar geworden ist.

Wo wir an die Bruchstellen unserer Liebe stoßen und schmerzlich spüren, was uns fehlt, erinnert sich und vergegenwärtigt sich die unendliche und grenzenlose Liebe Gottes als das „Ganze", zu dem wir gehören und in dem wir geborgen sind. Da geschieht und ereignet sich, was Jesus verheißen hat, dass er und der Vater zu uns kommen und bei uns Wohnung nehmen.

In allen Anfechtungen, Zweifeln, Infragestellungen und Widerfahrnissen bleiben wir durch den Geist, den wir von Gott empfangen, mit ihm und mit Jesus Christus in der Liebe verbunden. Der Geist Gottes verhilft der Wahrheit, die Jesus verkündet hat, vor der Welt zur Geltung, damit alle sehen und erkennen, dass es Sünde ist, nicht an ihn zu glauben, dass die Gerechtigkeit durch Jesus erfüllt ist und dass der Herrscher dieser Welt überwunden ist.

In allem wird Gottes Geist uns beistehen, aufrichten, trösten und stärken, ja vor den Menschen und dieser Welt vertreten und verteidigen. Er wird unser Fürsprecher sein, indem er uns die Kraft, die Macht und die Freiheit schenkt, den Mächten dieser Welt zu entsagen und unseren Glauben an Jesus Christus zu bezeugen. Er wird uns die ganze Wahrheit schauen lassen, wie Gott sein Werk, das er durch Jesus begonnen hat, vollenden wird. Selbst der Tod kann uns nichts anhaben, weil Gottes Geist in uns wohnt und bleibt, bis wir verwandelt werden in das neue Leben bei Gott.

Wenn sich Mönche auf dem Berg Athos unterwegs begrüßen, rufen sie einander „evlojite kyrios" zu, „Gelobt sei der Herr!". Im Angesicht des Anderen sehen und erinnern sie Jesus Christus und verherrlichen ihn in der Freundlichkeit und im Respekt gegenüber dem Menschen, der ihnen gegenüber tritt.

Wenn ich in dem Angesicht des Anderen ein Abbild der Liebe Christi sehe und erkenne, dann kann ich ihm nur mit Achtung, Ehrfurcht und Liebe begegnen. Im Anderen bringt sich die Liebe Christi zu uns in Erinnerung, vergegenwärtigt sich und bestimmt unser Denken und Handeln. Wenn wir uns davon führen und leiten lassen, wird an uns und durch uns bruchstückhaft und fragmentarisch die Herrlichkeit der ganzen Liebe Gottes offenbar.

„Die Menschen haben diese Wahrheit vergessen", sagte der Fuchs. „Aber du darfst sie nicht vergessen. Du bist zeitlebens für das verantwortlich, was du dir vertraut gemacht hast."

A. de Saint-Exupery, Der kleine Prinz,
Düsseldorf 1982, S. 53

Johannes 17

Gott befohlen

Dieses redete Jesus und erhob seine Augen zum Himmel und sprach: Vater, die Stunde ist gekommen: verherrliche deinen Sohn, damit der Sohn dich verherrliche; denn du hast ihm Macht gegeben über alle Menschen, damit er allen, die du ihm gegeben (anvertraut) hast, ewiges Leben gebe. Das ist aber das ewige Leben, dass sie dich als den einzigen, wahren Gott und den du gesandt hast, Jesus Christus, erkennen.
Ich habe dich verherrlicht auf der Erde und das Werk vollendet, das du mir gegeben hast, damit ich es tue. Und nun, Vater, verherrliche du mich bei dir mit der Herrlichkeit, die ich bei dir hatte, ehe die Welt war.
Ich habe deinen Namen den Menschen offenbart, die du mir aus der Welt gegeben hast. Sie waren dein, und du hast sie mir gegeben, und sie haben dein Wort bewahrt (festgehalten). Jetzt haben sie erkannt, dass alles, was du mir gegeben hast, von dir ist. Denn die Worte, die du mir gegeben hast, habe ich ihnen gegeben und sie haben sie angenommen und wahrhaftig erkannt, dass ich von dir ausgegangen bin, und sie sind zum Glauben gekommen (haben geglaubt), dass du mich gesandt hast.
Ich bitte für sie und bitte nicht für die Welt, sondern für die, die du mir gegeben hast, weil sie dir sind (gehören). Und alles, was mein ist, das ist dein, und was dein ist, das ist mein; und ich bin in ihnen verherrlicht. Ich bin nicht mehr in der Welt; sie aber sind in der Welt, und ich komme zu dir. Heiliger Vater, bewahre sie in deinem Namen, den du mir gegeben hast, dass sie eins seien wie wir. Solange ich bei ihnen war, bewahrte ich

sie in deinem Namen, den du mir gegeben hast, und ich habe sie behütet, und keiner von ihnen ist verloren gegangen, außer dem Sohn des Verderbens, damit die Schrift erfüllt werde. Nun aber komme ich zu dir und rede dies in der Welt, damit meine Freude in ihnen vollkommen sei.
Ich habe ihnen dein Wort gegeben, und die Welt hat sie gehasst; denn sie sind nicht von der Welt, wie auch ich nicht von der Welt bin. Ich bitte dich nicht, dass du sie aus der Welt nimmst, sondern dass du sie bewahrst vor dem Bösen. Sie sind nicht von der Welt, wie auch ich nicht von der Welt bin. Heilige sie in der Wahrheit (Mach sie zu deinem Eigentum in deiner göttlichen Gegenwart, K. Berger/Chr. Nord, Das neue Testament, Frankfurt 2005, S. 350 ff); dein Wort ist die Wahrheit (dein Wort ist deine Gegenwart, Berger/Nord). Wie du mich gesandt hast in die Welt, so sende ich sie auch in die Welt. Ich heilige mich für sie (Und für sie mache ich mich zu deinem Eigentum, Berger/Nord, ebd.), damit auch sie geheiligt seien in der Wahrheit (damit auch sie dein Eigentum sind in deiner göttlichen Gegenwart, Berger/Nord, ebd.).
Ich bitte aber nicht allein für sie, sondern auch für die, die durch ihr Wort an mich glauben werden, damit alle eins seien. Wie du, Vater, in mir bist und ich in dir, so sollen sie auch in uns sein, damit die Welt glaubt, dass du mich gesandt hast. Und ich habe ihnen die Herrlichkeit gegeben, die du mir gegeben hast, damit sie eins seien, wie wir eins sind, ich in ihnen und du in mir, damit sie vollkommen eins seien und die Welt erkennt, dass du mich gesandt hast und sie liebst, wie du mich liebst.
Vater, ich will, dass, wo ich bin, auch die bei mir seien, die du mir gegeben hast, damit sie meine Herrlichkeit sehen, die du mir gegeben hast; denn du hast mich geliebt, ehe der Grund der Welt gelegt war (vor Erschaffung der Welt). Gerechter Va-

ter, die Welt kennt dich nicht; ich aber kenne dich, und diese haben erkannt, dass du mich gesandt hast. Und ich habe ihnen deinen Namen kundgetan und werde ihn kundtun, damit die Liebe, mit der du mich liebst, in ihnen sei und ich in ihnen.

Worte zum Abschied gesagt, bleiben, wirken nach wie ein Vermächtnis, das darauf drängt, erfüllt zu werden. Jesu Gebet für die Seinen ist eine Art Vermächtnis, das Ziel und Inhalt seines Lebens und Wirkens auf der Erde denen ins Testament schreibt, die bleiben. Er lässt die Seinen nicht einfach zurück, sondern hinterlässt ihnen sein Erbe, das weiter wirkt und sich erfüllen wird an ihnen, Gott als den einzigen und wahren Gott und ihn als Gottes Sohn zu erkennen und zu verherrlichen. Wer sein Vermächtnis bewahrt, wird darin mit ihm und mit Gott verbunden und vereint bleiben.

Jesus schaut zum Himmel auf, wie einer, der über den Horizont hinaus Ausschau hält nach dem, was ihm entgegen kommt, was die Zukunft bringt. Er hat seinen letzten Weg vor sich und bevor er ihn betritt, schaut er zum Himmel und vertraut alles, was ihm am Herzen liegt, dem an, von dem er gekommen ist und zu dem er gehen wird.

Er spricht zu Gott im liebevollen Vertrautsein, nur so wie der Sohn zum Vater reden kann, in der Gewissheit der Liebe, die alles kennt und versteht, die alles annimmt und bewahrt, was ihr anvertraut wird, und die alles, was in ihrer Macht steht, zu geben bereit ist. Er birgt sich in diese Liebe Gottes hinein, sucht in ihr seine Zuflucht und sein Ziel. Alle, die ihm verbunden sind, bringt er mit und legt sie in Gottes Liebe zurück, damit alle bewahrt werden in und vor Gott und niemand verloren gehe und die ganze Welt die einzigartige und unendliche Liebe Gottes sieht und erkennt. Denn darin erfüllt sich sein Vermächtnis, dass durch ihn und alle, die ihm folgen, Gott im Himmel verherrlicht werde vor der ganzen Welt.

Jesus sieht seinen Weg und dessen Ende, er schaut darüber hinaus und bittet Gott, dass er ihn verherrlicht, dass er ihn aufnimmt in seine Herrlichkeit, aus der er gekommen ist. Dies bittet er zugleich nicht um seinetwillen, sondern damit durch ihn Gott selbst verherrlicht werde vor den Menschen. Durch sein Leiden, Sterben und Auferstehen hindurch soll Gott ihn bewahren und aufnehmen in seine Wirklichkeit, damit die Menschen an ihm und durch ihn die Herrlichkeit Gottes sehen und erkennen, dass sie an Gott glauben und selbst Anteil an dem Leben bei Gott bekommen.

Anteil an der Liebe Gottes und am Leben bei Gott gewinnen die Menschen durch ihn, denn in seinen Worten und Taten, in seinem Leiden, Sterben und Auferstehen sehen sie Gottes Wirken. Durch ihn und an ihm erahnen und erkennen sie, dass Gott allein wahrer Gott ist und er von Gott auf die Erde und zu den Menschen gesandt ist, um den Menschen die Augen ihrer Herzen für die Liebe Gottes zu öffnen und sie in diese Liebe hineinzunehmen.

Jesus hat den Namen Gottes vor den Menschen buchstabiert, ihn in ihre Sprache übertragen, in ihr Leben hinein getragen, dass sie ihn kennenlernen und mit ihm in Beziehung bringen können. Wie Gott heißt, wer Gott ist, wo er sich zu erkennen gibt und was sein Wesen ist, wird sichtbar in Jesus, in seiner Person, in dem, was er sagt und tut. In ihm zeigt sich und begegnet den Menschen Gottes Wirklichkeit, in ihm gibt Gott sich zu erkennen, wie er wirklich und wahrhaftig ist, und durch ihn werden die, die sich ansprechen, aufschließen und öffnen lassen, berührt, ergriffen und verwandelt durch seine Liebe.

Jesus hat die Menschen mit Gott vertraut gemacht, sie mit Gott in Beziehung gebracht, sie in Gottes Liebe, in seine Wirklichkeit hinein geholt und genommen, dass sie zu Gott gehören und mit ihm und mit Gott vereint sind. Als sein Abschied naht, bringt er diese Menschen Gott und birgt sie in der Liebe, durch die sie zu Gott gehören.

Wenn er zu Gott spricht, dann sagt er von ihnen, „sie sind dein". Es sind nicht irgendwelche, nicht irgendwer, ohne Herkunft und Namen, unbekannt und fremd, sondern die, die Gott durch Jesus sich vertraut gemacht hat, die in seiner Liebe sind, die ihm gehören und sich an sein Wort halten, indem sie Jesus als den annehmen und bezeugen, der von Gott gesandt ist.

Für sie tritt Jesus in Fürsprache und betet für sie zu Gott, dass er sie in seinem Namen erhält, wenn er von ihnen geht. Fast klingt es, als wollte er Gott erinnern, dass sie seinen Namen angenommen haben und in der Welt tragen, damit Gott einlöst, was sein Name verbürgt, wofür sein Name steht. In dem Namen Gottes liegt seine Einzigartigkeit, seine Wahrheit und seine Macht. Wer den Namen Gottes kennt und ihn angenommen hat, der steht unter Gottes Schutz und Obhut.

Was Jesus bittet, ist in Gottes Namen verbürgt. Keiner soll verloren gehen, der sich ihm als Gottes Sohn anvertraut hat, der sich unter Gottes Namen, unter die Herrschaft und Macht seiner Liebe gestellt hat und sich davon bestimmen, führen und leiten lässt. Darum bittet Jesus seinen Vater im Himmel, dass er die Seinen vor dem Bösen bewahrt und im Glauben erhält, wie es sein Name verspricht, damit keiner verloren geht, der zu ihm gehört.

Jesus bittet Gott als den Heiligen, dass er die heiligt, die ihm vertrauen und an ihn glauben, damit sie Anteil haben an seiner Heiligkeit, an seiner Größe, Güte und Macht, und damit dies sichtbar wird in der Welt. Er befiehlt sie Gott an, dass er sie zu seinem „Eigentum“ macht, sie sein Eigen nennt und sein lässt, die ganz und gar in seiner Gegenwart und Wirklichkeit, vor ihm leben als die, die von ihm geliebt sind und untrennbar zu ihm gehören. Die Wahrheit, die wahre, unvergängliche Wirklichkeit Gottes soll sich an ihnen zeigen, sie einschließen und ihre eigene Gestalt annehmen, dass die Welt es sehen kann.

Dies soll und kann geschehen durch das Wort, das Gott durch Jesus den Menschen gegeben hat, indem sie darin seine Gegenwart und Wirklichkeit annehmen und sich daran halten. Dies möge Gott als der heilige Vater im Himmel ihnen gewähren und ermöglichen, denn mit seinem Namen hat er es versprochen und verbürgt.

Jesus selbst übereignet sich an Gott, indem er sich hingibt bis zum Tode, damit alle, die an ihn glauben, die sich ihm anvertraut haben, mit ihm und durch ihn in Gottes Wirklichkeit geborgen und übereignet werden – schon jetzt und für immer.

Darum gibt der, der sich auf Gott verlässt und vor Gott lebt, der durch Jesu Hingabe Gott übereignet ist, Zeugnis für die Wirklichkeit und die Gegenwart des wahren, einzigen Gottes und seines Sohnes.

Wenn Jesus Gott für die Seinen bittet, sie zu bewahren, in seiner Liebe zu erhalten und in der Wahrheit zu heiligen, dann schließt er alle ein, die sein Wort hören und annehmen, die in ihm den Sohn des Vaters im Himmel schauen und erkennen. Für sie alle, die zu ihm gehören, bittet er Gott, dass sie eins sein mögen, wie er und der Vater eins sind. Er nimmt sie fürbittend hinein in die Einheit und Verbundenheit der Liebe mit dem Vater, damit sie „eins seien, wie wir eins sind, ich in ihnen und du in mir, damit sie vollkommen eins seien und die Welt erkenne, dass du mich gesandt hast und sie liebst, wie du mich liebst." (17, 21-23). Durch die Liebe Gottes, die in Jesus offenbar geworden ist und durch die Jesus in Gott ist, ist Gott auch in allen, die ihn annehmen und an ihn glauben und verbindet alle Glaubenden mit sich und untereinander, dass sie eins werden und eins seien.

Jesus bittet Gott um die sichtbare, offenbare Einheit der Glaubenden, in der sich die Verbundenheit aller mit ihm und mit Gott spiegelt und erweist, damit die Welt erkennt, dass Gott der alleinige, einzig wahre Gott ist und ihn in die Welt gesandt hat – zur Verherrlichung des Vaters. Was die Menschen miteinander und untereinander verbindet und eint, ist die Liebe, die Jesus von Gott empfangen und ihnen gegeben hat. In ihr, in der gelebten, tätigen Liebe erweist sich die Wahrheit und die Herrlichkeit Gottes. An der Einheit der Glaubenden offenbart sich die Wahrheit ihres Glaubensgrundes, den Gott in Jesus gelegt hat.

„In der Einheit untereinander stellen die Christen die Einheit und Einzigartigkeit Gottes dar" (K. Berger, Biblische Spiritualität, S. 187), denn aus der Liebe, die im Einssein sich zeigt und erweist, erwächst der Glaube und sie ist sein sichtbares, wirksames, lebendiges Zeugnis.

Jesus verlässt die Seinen nicht, ohne für ihr Bleiben in Zukunft zu sorgen. So bittet er Gott darum, dass alle, die an ihn glauben, für immer bei ihm sein dürfen, damit sie seine Herrlichkeit sehen, die Gott ihm schenkt und erweist, und mit ihm in Herrlichkeit ewiglich leben. Jesus schließt in seine Fürbitte nicht nur die Lebenden sondern auch die

Sterbenden ein und gibt ihnen Anteil an seiner ewigen Herrlichkeit bei Gott. In der Liebe, die sie empfangen haben, sind und bleiben sie schon jetzt mit ihm und mit Gott verbunden.

Die Fürbitte Jesu für die Seinen ist getragen von einer Liebe, die alles übersteigt und überwindet, selbst den Tod und diese Welt. Aus Liebe betet und bittet er für uns, damit unser Glaube nicht aufhört und wir nicht verloren gehen, sondern in ihm und durch ihn in Gott bleiben und geborgen sind – jetzt und für immer. Zuerst und zuletzt werden wir durch sein Gebet zu seinem Eigentum und zu Gottes Heiligtum in dieser Welt. Betend stellt er uns unter Gottes Obhut und Schutz, damit sein Name durch uns verherrlicht und bezeugt wird in der Welt. Unser Zeugnis ist Antwort auf seine Fürbitte bei Gott und kann schließlich nur einmünden in die tiefen Worte eines Nikolaus von der Flüe, der selbst betet: „Nimm mich mir und gib mich dir zu eigen!"

„Ein Tag wird kommen, an dem die Menschen schwarzgoldene Augen haben, sie werden die Schönheit sehen, sie werden vom Schmutz befreit sein und von jeder Last, sie werden sich in die Lüfte heben, sie werden unter die Wasser gehen, sie werden ihre Schwielen und ihre Nöte vergessen. Ein Tag wird kommen, sie werden frei sein, es werden alle Menschen frei sein, auch von der Freiheit, die sie gemeint haben. Es wird eine größere Freiheit sein, sie wird über die Maßen sein, sie wird für ein ganzes Leben sein ...

Ein Tag wird kommen, an dem die Menschen die Savannen und die Steppen wiederentdecken, hinausströmen werden sie und ihrer Sklaverei ein Ende machen, die Tiere werden unter der hohen Sonne zu den Menschen treten, die frei sind, und sie werden in Eintracht leben, die Riesenschildkröten, die Elefanten, die Wisente, und die Könige des Dschungels und der Wüste werden sich mit den befreiten Menschen vereinbaren, sie werden aus einem Wasser trinken, sie werden die gereinigte Luft atmen, sie werden sich nicht zerfleischen, es wird der Anfang sein, es wird der Anfang sein für das ganze Leben ...

Ein Tag wird kommen, an dem die Menschen rotgoldene Augen und siderische Stimmen haben, an dem ihre Hände begabt sein werden für die Liebe, und die Poesie ihres Geschlechts wird wiedererschaffen sein ... und ihre Hände werden begabt sein für die Güte, sie werden nach den höchsten aller Güter mit ihren schuldlosen Händen greifen, denn sie sollen nicht ewig, denn es sollen die Menschen nicht ewig, sie werden nicht ewig warten müssen ...“

I. Bachmann, Malina, Ges. Werke Bd. 3, Frankfurt 1982, S. 121.138.140

Römer 8, 18-30

Alles wird gut

Ich bin überzeugt, dass die Leiden dieser Zeit nichts bedeuten im Vergleich mit der Herrlichkeit, die an uns offenbar werden soll. Denn die ganze Schöpfung erwartet sehnsüchtig das Offenbarwerden der Söhne Gottes. Denn die Schöpfung ist der Nichtigkeit unterworfen, nicht aus eigenem Willen, sondern durch den, der sie unterworfen hat – auf Hoffnung. Denn auch die Schöpfung wird befreit werden von der Knechtschaft der Vergänglichkeit zur Freiheit der Herrlichkeit der Kinder Gottes. Wir wissen ja, dass die ganze Schöpfung bis jetzt mitseufzt und mit in Wehen liegt.

Aber nicht nur, sondern auch wir selbst, die wir die Erstlingsgabe des Geistes haben, seufzen in uns und sehnen uns nach der Sohnschaft, der Erlösung unseres Leibes. Denn auf Hoffnung sind wir gerettet worden. Die Hoffnung aber, die man sieht, ist keine Hoffnung; denn wie kann man hoffen, was man sieht? Wenn wir aber auf das hoffen, was wir nicht sehen, so warten wir darauf in Geduld.

Ebenso hilft auch der Geist unserer Schwachheit auf. Denn wir wissen nicht, was wir beten sollen, wie es sich gebührt, sondern der Geist selbst vertritt uns mit unaussprechlichem Seufzen. Der aber die Herzen erforscht, der weiß, was das Anliegen (Ansinnen, Trachten) des Geistes ist, denn er vertritt die Heiligen, wie es Gott will.

Wir wissen aber, dass denen, die Gott lieben, Gott alles zum Guten gedeihen lässt (wirkt), denen, die nach seinem Ratschluss berufen sind. Denn die er zuvor ausersehen hat, die hat

er auch zuvor bestimmt, dass sie dem Bild seines Sohnes gleich (gestaltet) sein sollen, damit dieser der Erstgeborene sei unter vielen Brüdern.
Die er aber vorherbestimmt hat, die hat er auch berufen; und die er berufen hat, die hat er auch gerechtfertigt; die er aber gerechtfertigt hat, die hat er auch verherrlicht.

Das Leben ist herrlich, die Luft, die wir atmen, das Licht, das uns leuchtet, die Zeit, die uns geschenkt ist, die Menschen, die uns verbunden sind, alles ein wunderbares Geschenk, eine Vorahnung auf die vollendete Herrlichkeit bei Gott. Doch Leben ist auch Leiden, vom ersten bis zum letzten Atemzug, weil es zerbrechlich, verwundbar, begrenzt, unzulänglich und sterblich ist. Das Leiden hat viele Gesichter und in allen spiegelt sich das Seufzen und Stöhnen der leidenden Kreatur.

Doch „ich bin überzeugt, dass die Leiden dieser Zeit nichts bedeuten im Vergleich mit der Herrlichkeit, die an uns offenbar werden soll", klingt es aus den Worten des Paulus beinahe wie eine Beschwörung angesichts der Unerträglichkeit des Leidens und seines ohnmächtigen Anblicks. Aber Paulus beschwichtigt und bagatellisiert nichts, er spricht den Ernst und das Ausmaß des Leidens in der „Knechtschaft der Vergänglichkeit" aus. Er verleiht dem Seufzen der ganzen Kreatur Worte und redet sie nicht tot. Ja, er rückt das Leiden in unseren Blickpunkt und zeigt auf, dass dieses Leben und diese Welt vom Leiden geprägt sind.

Wer leidende Menschen begleitet, ihnen beistehen will, an ihrer Seite aushalten und mit ihnen durch eine leidvolle Zeit hindurch gehen will, der wird als Erstes das Leiden anschauen und die Ohnmacht zulassen müssen. Nur wer bereit ist, sich darauf einzulassen, sich einzufühlen und Anteil zu nehmen, wird dem, der leidet, wirklich helfen können, den Lebensmut, die Hoffnung und den Glauben darüber nicht zu verlieren, sondern auch im Leiden Kraft zu schöpfen und es anzunehmen. Nur wer die Wahrheit des Leidens ansieht und zulässt, kann hindurchgehen, davon verwandelt werden und daran wachsen.

Doch bei Paulus geht es um noch mehr: Er rückt das Leiden mit seinen vielen Facetten und Geschichten vor unsere Augen und legt sie uns ans Herz, damit wir sie mit den Augen des Glaubens anschauen und über den vielen hoffnungslosen, ohnmächtigen und verzweifelten Situationen Gottes verborgenes Wirken und seine geheimnisvolle Gegenwart erkennen. Im Angesicht des Leidens nehmen wir „Zuflucht bei Gott gegen Gott", wie Luther in seiner Psalmenauslegung sagt, und suchen im Leiden den Widerschein der Herrlichkeit, der Erlösung und Vollendung, die Gott uns in Christus verheißen hat und im heiligen Geist schenkt.

Wie Christus alles Leiden und Sterben überwunden hat und in allem von Gottes Liebe verwandelt worden ist in das ewige Leben, so werden wir im Leiden nicht der Verzweiflung, der Ohnmacht und dem Tod überlassen, sondern bleiben in Gottes Liebe geborgen, die uns verwandelt und uns alles, was jetzt ist, im Licht der letzten Wirklichkeit Gottes sehen lässt.

Alles irdische Leiden ist wie eine Ankündigung jener großen Verwandlung, die schon mit uns im Gange ist. Sie ist wie eine Geburt mit Schmerzen verbunden, mit Verlust und Abschied. Wenn wir sie annehmen und durchleben, können wir den Schmerz und die Trauer vor Gott tragen, dass er sie mit trägt, löst und verwandelt, dass wir durch das

Leiden das Leben unter der Verheißung von Gottes Herrlichkeit neu und anders sehen lernen, nicht frei von Enttäuschung, Schuld, Krankheit, Unheil und Tod, aber nicht für immer und nicht ausgeliefert, sondern befreit und erlöst auf Hoffnung hin.

Wir haben durch den Glauben an die kommende Herrlichkeit und Vollendung bei Gott ein Angeld, eine Anzahlung, die uns vor Verzweiflung und Depression bewahren und Zuversicht schenken kann, das Leiden als vorläufig und vergänglich zu sehen, aber auf die kommende Erlösung Gottes zu hoffen. In dieser Hoffnung können wir angesichts des Leidens lernen, zu warten, auszuharren, nicht aufzugeben, fallenzulassen, sondern darunter zu bleiben in Geduld, weil die Verwandlung in Gottes Herrlichkeit schon jetzt begonnen hat.

Im Warten, Aushalten, Durchhalten und Sehnen in Geduld sind wir nicht allein, der Heilige Geist, den wir durch Christus von Gott empfangen haben, steht uns bei, kommt unter unser Leiden, erforscht unsere Herzen und bringt unseren unaussprechlichen Schmerz, unsere Ohnmacht und unsere Sprachlosigkeit vor Gott, denn er vertritt uns bei Gott. Den Heiligen Geist haben wir als „Erstlingsgabe" empfangen, als ein Garant der Liebe Gottes und der Teilhabe an der vollkommenen Erlösung in der Herrlichkeit Gottes.

Unüberbietbar an Kühnheit und Provokation bekennt Paulus von denen, die durch den Heiligen Geist zu Gott gehören, Gottes Kinder, Inbegriff seiner Liebe sind, dass ihnen und zwar ohne Ausnahme alles zum Guten dienen wird, weil Gott es so wirkt. In der Vermessenheit dieser Ansage drückt sich vor allem die Maßlosigkeit der Macht und Liebe eines Gottes aus, der diejenigen, die er sich als Kinder wünscht, mit denen er etwas vor hat, die er von Sünde und Schuld befreit hat durch Jesus Christus, dass er die durch alles Leiden und Sterben hindurch ganz in seine Herrlichkeit verwandeln wird, dass sie in seinen Lichtglanz, in seine letzte Wirklichkeit einbegriffen, hineinverwandelt und eins damit werden.

Alles, was uns widerfährt, hat nur einen Sinn und eine Richtung, es dient dem Guten, dem Heilwerden, dem Verwandeltwerden in die Herrlichkeit Gottes, und es hat nur einen Grund und ein Ziel, die unendliche Liebe Gottes zu seinen Kindern, durch die er alles zum Guten wirkt. Kinder Gottes, die in engster Beziehung zu ihm stehen und mit ihm verbunden sind, werden wir durch die Gabe des heiligen Geistes, weil Gott uns als seine Kinder will und möchte, dass wir zu ihm gehören.

Gott hat mit uns etwas vor, darum geht er uns nach, sucht uns immer wieder auf und ruft uns in seine Liebe, damit wir auf sein Wort hören, uns ihm anvertrauen und ihm ähnlich, gleich gestaltet werden und sein Bild in uns und an uns tragen. Ja, dass Christus unser Bruder wird.

Wer von Gott als Kind erwählt, berufen, angenommen und gerechtfertigt ist, der ist schon jetzt von ihm und durch ihn verherrlicht, der hat schon jetzt in allem irdischen Leiden und Sterben Anteil an der endgültigen Verwandlung und Vollendung in der vollkommenen Nähe und Wirklichkeit Gottes. Da bleibt kein Raum und kein Spalt zwischen Gott und seinen Kindern, nichts kann uns von seiner Liebe trennen. In dieser Liebe dürfen wir sein und bleiben, im Angesicht und in der Gegenwart Gottes leben – das ist herrlich – schon jetzt!

„Ich glaube, dass Gott aus allem, auch aus dem Bösesten, Gutes entstehen lassen kann und will. Dafür braucht er Menschen, die sich alle Dinge zum Besten dienen lassen. Ich glaube, dass Gott uns in jeder Niederlage soviel Widerstandskraft geben will, wie wir brauchen. Aber er gibt sie nicht im voraus, damit wir uns nicht auf uns selbst, sondern allein auf ihn verlassen. In solchem Glauben müsste alle Angst vor der Zukunft überwunden sein. Ich glaube, dass Gott kein zeitloses Schicksal ist, sondern dass er auf aufrichtige Gebete und verantwortliche Taten wartet und antwortet.“ (D. Bonhoeffer, Widerstand und Ergebung, München 1959, S. 22-23)

„Führe uns vom Glauben zum Glauben, von Klarheit zu Klarheit, wie sie von deinem Geist ausgeht, damit wir von Tag zu Tag immer tiefer eindringen in die Schätze des Lichts, damit unser Glaube umfassender, die Erkenntnis reicher, die Liebe glühender und weitherziger werde, bis wir schließlich durch den Glauben hingelangen vor dein Angesicht."

Guerric von Igny, 2. Ansprache zum 6.1., zit. bei K. Berger, Biblische Spiritualität, 2003, S. 157

2. Korinther 3, 18 und 4, 6

Verwandelt werden

Nun aber schauen wir alle mit aufgedecktem Angesicht die Herrlichkeit des Herrn wie in einem Spiegel (aufnehmend), und wir werden in dasselbe Bild verwandelt von Herrlichkeit zu Herrlichkeit von dem Herrn, der Geist ist (den Geist schenkt).
Denn Gott, der sprach: Licht soll aus der Finsternis aufleuchten, der ist das Licht in unseren Herzen und hat uns erleuchtet zur Erkenntnis der Herrlichkeit Gottes in dem Angesicht Jesu Christi.

Was Menschen zu sehen bekommen in ihrem Leben, hinterlässt Eindrücke und Spuren, Abbilder des Gesehenen, nicht nur in ihrer Seele, sondern ebenso in ihrer Gestalt. Es wirkt weiter in ihnen und verwandelt sie, prägt ihr Sehen und die Wahrnehmung ihrer selbst und der Welt. Augen, Gesichter, Gesten und Haltungen erzählen Geschichten, die sie gesehen und erlebt haben, ohne Worte.

Man sagt, dass Ehepaare, die ihr Leben lang zusammen sind und miteinander alt werden, einander immer ähnlicher werden, nicht nur in ihren Gewohnheiten, sondern auch in ihrem Aussehen und in ihren Persönlichkeiten. Als Gemeindepfarrer hat mich das immer wieder berührt, älteren Ehepaaren gegenüberzusitzen, die Ähnlichkeit ihrer Blicke, die vertraute Eingestimmtheit ihrer Gesten und den tiefen inneren Einklang zu spüren. An ihnen konnte man eine große Nähe und tiefe Gemeinsamkeit spüren, die gewachsen war durch Höhen und Tiefen eines langen gemeinsamen Lebens hindurch, in dem sie einander nah geblieben sind, aneinander Anteil genommen, einander stets im Blick behalten, nacheinander geschaut, aufeinander geachtet haben und zusammen gewachsen sind.

Mir scheint, dass so ein Ähnlich-Werden und Verwandelt-Werden auch mit uns geschehen kann, wenn wir uns auf ein Leben mit Christus einlassen. Wenn wir auf sein Wort hören, uns ihm anvertrauen und von ihm führen und leiten lassen in allen Dingen, dann wird uns das nicht unberührt lassen, sondern wird uns prägen und in uns wirken, dass man es auch an uns und unserem Leben erkennen kann.

Jesus ist in unsere Welt gekommen und hat menschliche Gestalt angenommen, damit wir an ihm und durch ihn Gottes Liebe sehen und erkennen können. In dem, was er gesagt und getan hat, in seinem Leiden, Sterben und Auferstehen begegnet uns die Liebe Gottes, die uns berühren und verwandeln kann. Wenn wir auf ihn schauen, sein Bild auf uns wirken lassen, kann es unsere Augen und Herzen aufschließen, dass wir sehend werden für das Wirken und die Gegenwart Gottes. Wo das geschieht, wo wir uns auf ihn einlassen, sein Wort und sein Bild in uns aufnehmen, uns an ihm orientieren und ausrichten, werden wir davon verwandelt und erleuchtet, dass wir seine Herrlichkeit, den Glanz, das Strahlen und die Helligkeit seines Lichtes erkennen mit offenen Augen und Herzen.

Das Schauen auf Christus macht unsere Herzen und unseren Geist zum Spiegel seiner Liebe, die von ihm ausgeht wie ein helles Licht. So wie die Spiegel zur Zeit des Paulus kein klares, scharfes Abbild wiedergeben konnten, weil sie uneben waren auf der Oberfläche, so spiegeln auch wir die Liebe und das Licht Christi nur gebrochen, unscharf, geschwächt und blass, dass es manchmal nicht wieder zu erkennen ist. Doch seine Liebe kann sich in uns abbilden, in uns weiter wirken, uns durchdringen und umgestalten, dass sie an uns und in uns widerscheint.

Zugleich geschieht durch die konsequente und anhaltende Hinwendung zu Christus eine fortschreitende Verwandlung mit uns, die von seiner Liebe ausgeht und uns durchwirkt, dass wir mehr und mehr von ihr geprägt, gestaltet und durchdrungen werden. Diese Verwandlung kommt nicht aus uns, sie macht uns auch nicht besser oder perfekter, sondern sie geschieht durch die Liebe Christi, die uns durchlässiger und durchscheinender macht für ihr Licht. Durch sie werden wir verwandelt von „Herrlichkeit zu Herrlichkeit“, dass die Liebe Christi in uns Gestalt gewinnt und wir sie widerspiegeln in unserem Glauben und Leben, bis wir vollends verwandelt werden in die Herrlichkeit bei und in Gott.

Gott, der Licht aus der Finsternis aufleuchten ließ, hat durch „das Licht der frohen Botschaft von der Herrlichkeit Christi“ (2. Kor. 4, 4) unsere Herzen erhellt und uns erleuchtet, dass wir seine Herrlichkeit im Angesicht Jesu Christi erkennen und sie widerspiegeln, indem wir auf Christus schauen und uns von seinem Bild der Liebe verwandeln lassen. Das Licht Gottes, das in unser Leben kommt, uns durchdringt und die Augen unserer Herzen aufschließt, dass wir in Christus die Herrlichkeit Gottes erkennen, beschreibt eine große Bewegung, die alles in Gottes Licht rückt, die von Gott her kommt und zu Gott zurückkehrt. Alles wird davon erhellt und erleuchtet, unser ganzes Leben in die Gegenwart Gottes gerückt und in sein Licht gestellt.

Im Licht und in der Gegenwart Gottes zu leben, das kann uns verändern, dass wir unter der Herrlichkeit Gottes alles mit anderen Augen sehen und erkennen. Alles vor Gott zu stellen und in seinem Licht anzuschauen, macht es zum Spiegel seiner Größe, seiner Macht und seiner Güte. Schauen wir das Leben, uns selbst und einander mit den Augen des Herzens an, das erleuchtet, offen, aufgeschlossen ist für die Herrlichkeit Gottes, dann verwandelt dieses Licht alles und es wächst in seinem hellen Schein eine herrliche Freude an allem, ein tiefer innerer Frieden mit allem und eine heitere Gelassenheit über alles, die uns schon den Himmel ahnen und erspüren lassen.

In der Liebe, in der Freude, im Frieden, in der heiteren Gelassenheit, in der Zuversicht und Hoffnung, die wir empfangen, wenn wir in der Gegenwart Gottes leben und alles vor Gott sehen, haben wir Teil an der Herrlichkeit Gottes, die in Jesus Christus erschienen ist und die sich in unserem Leben widerspiegelt.

Wilhelm von St. Thierry beschreibt dieses Geschehen mit seinen Worten so: „Wenn die Gott liebende und in der Liebe ihn fühlende Seele plötzlich als ganze verwandelt wird, nicht zwar in das Wesen der Gottheit, aber doch in eine übermenschliche, untergöttliche Seligkeit, in die Freude der erleuchteten Gnade und in die Erfahrung eines erleuchteten Bewusstseins ... dann fühlt auch das Fleisch das Angeld der verheißenen Unverweslichkeit und Verklärung. Freudig entsagt (der Mensch) sich selber und eilt eifrig seinem Geiste nach, wie dieser auf Gott zueilt. Dies sei dann der Jubel des seligen Volkes Gottes, das den Jubel kennt, das im Licht des Antlitzes Gottes lebt'." (zit. nach: K. Berger, Biblische Spiritualität, 2003, S. 133)

„Der äußere Mensch ist der alte Mensch,
der irdische Mensch, der Mensch dieser Welt,
der von Tag zu Tag älter wird.
Sein Ende ist der Tod.
Der innere Mensch auf der anderen Seite
ist der neue Mensch, der himmlische Mensch,
in dem Gott leuchtet."

Meister Eckhart, zit. in: J. Zink, Dornen können Rosen tragen. Stuttgart 1997 S. 132

Epheser 3, 14-19

Innewerden Gottes

So beuge ich meine Knie vor dem Vater, der der eigentliche Vater aller Geschöpfe im Himmel und auf Erden ist, dass er euch Kraft gebe nach dem Reichtum seiner Herrlichkeit, stark zu werden durch seinen Geist an dem inneren (inwendigen) Menschen, dass Christus durch den Glauben in euren Herzen wohne (lebe) und ihr in der Liebe eingewurzelt und fest gegründet seid, damit ihr imstande seid, mit allen Heiligen zu begreifen (zu erfassen), was die Breite und Länge und Höhe und Tiefe ist, und die alle Erkenntnis übersteigende Liebe Christi zu erkennen, damit ihr erfüllt werdet mit der ganzen Fülle Gottes.

In der Kathedrale von Chartre ist auf dem Fußboden ein Labyrinth dargestellt, das man begehen kann. Man kann den Weg im Labyrinth Schritt für Schritt von außen nach innen beschreiten. Aber man gelangt nur zur Mitte, wenn man bereit ist, den zahlreichen Wendungen zu folgen, die mit jeder Umkehr weiter voran und nach innen führen.

Dieser äußere Weg kann als Übung der inneren Einkehr in die Stille dienen. Wer diesen Weg geht, lässt den Alltag und das äußere Leben hinter sich und gelangt Schritt für Schritt zur Ruhe und durch Umkehr zur eigenen Mitte. Dabei entsteht zunehmend ein innerer Abstand, manches bleibt zurück und fällt ab, anderes kann sich dabei lösen und klären. In der Mitte findet man sich wieder, in einem Raum der Ruhe, des Verweilens und der Harmonie, in einer sechsblättrigen Rose, die an die Liebe erinnert.

Blickt man auf das ganze Labyrinth, kann man erkennen, dass man auf dem Weg von außen nach innen ein Kreuz durchschreitet. Der Weg zur Mitte führt durch das Kreuz zur Liebe hin. Das macht ihn zum Bild für den Weg Christi. Wer ihm folgt und ihn nachgeht, wer sich innerlich davon leiten und führen lässt, wird zur Mitte geführt, wo die Liebe Christi sich erinnert und vergegenwärtigt. Ihrer innezuwerden, sich von ihr berühren zu lassen, sie in sich aufzunehmen, sie zur eigenen Mitte zu machen, kann „innerlich" verwandeln, so dass man gestärkt, erlöst und im inneren Frieden den Weg hinaus und in das Leben zurück gehen kann.

Menschen, die diesen Weg äußerlich und innerlich gehen, kommen in Berührung mit ihrer eigenen Mitte, die manchmal unter verletzenden und enttäuschenden Erfahrungen verschüttet oder verborgen liegt, aber die da ist, die sich uns erschließt, von der wir gehalten und getragen werden. Diese „innere Mitte" ist der Ort in einem Menschen, der nicht für andere zugänglich ist und der verschont und verschlossen ist für alle Beurteilung und Bewertung von außen. Es gibt so einen „inneren Menschen" in jedem von uns, einen „inneren" Kern unserer Person, der nicht zuerst und allein durch das definiert ist, was andere oder wir selbst von uns sehen, sagen oder denken, sondern der unantastbar, wertvoll, würdig und frei ist von allen Erwartungen und Bewertungen.

Wenn ich mich frei mache von allen Spiegelbildern, die mir das Leben bietet und aufdrückt, wenn ich mein eigenes Bild, das ich von mir habe, los lasse und mich in mich hinein versenke, zur eigenen Mitte gehe, kann ich mir selbst begegnen und erkennen, wer ich im Innersten und vor mir selbst bin, was mich wertvoll, würdig und liebenswert macht, was mich in allen Enttäuschungen und Unzulänglichkeiten hält und trägt, was mich erfüllt und meinem Leben einen wirklichen Sinn gibt, was mich vor meinen dunklen Seiten, meinen Schatten und Abgründen bewahrt, woran ich mich halten kann und worauf ich hoffen darf.

Um diesen „inneren Menschen" geht es in dem Text aus dem Epheserbrief, der eigentlich ein Rundschreiben eines Paulus-Schülers an die frühen Christengemeinden in ganz Kleinasien sein dürfte. Der Weg und Zugang zu dem „inneren Menschen" ist das Gebet, die Hinwendung zu Gott, dem himmlischen Vater aller Geschöpfe, von dem alles Leben kommt und der alles Leben erhält. Hier betet einer um die Stärkung des „inneren Menschen" der Christen in Ephesus und andernorts, weil er zutiefst davon überzeugt sein muss, dass Gott allein aus seiner unendlichen Gnade und Güte Menschen „innerlich", von „innen heraus" neu machen, erlösen und verwandeln, ja wachsen lassen und stärken kann.

Durch seinen heiligen Geist, den wir in der Taufe empfangen haben, wirkt Gott in uns. Er löst alte Muster der Selbtentfremdung auf, befreit uns von Enttäuschungen und Verletzungen und erweckt in uns einen „inneren Menschen", wie eine neue innere Bestimmung und Ausrichtung, ja, eine neue Schöpfung nach seinem Bild, eine neue Identität mit dem unauslöschbaren Kennzeichen, dass wir Kinder des himmlischen Vaters sind und bleiben. Durch ihn werden wir von „innen" heraus neu befähigt und begabt zum Vertrauen, zur Liebe und zur Hoffnung und zu einem Leben in der Bindung an sein Wort. Der heilige Geist ermöglicht und realisiert diese Verwandlung, unsere „innere Menschwerdung" durch Gottes erlösendes und neu schaffendes Wirken.

Durch den Glauben sind wir mit Christus verbunden zu einer engen, lebendigen Gemeinschaft, die durch nichts getrennt und unterbrochen werden kann (vgl. Joh. 14,23). Christus wohnt in unseren Herzen. Er ist unsere Mitte. Er ist der Anfänger und Vollender unserer inneren Menschwerdung durch die Liebe, die wir von ihm empfangen, in der wir tief verwurzelt und gegründet sind. Ihrer inne zu werden, sie wahrzunehmen, zu spüren und in uns wirksam werden zu lassen, kann uns verwandeln, dass wir ihm ähnlich werden, von ihr geprägt, bestimmt und umgestaltet werden und sein Bild in uns und an uns tragen.

Wenn wir auf diesen Christus schauen, wie er uns in seinen Worten und in seinem Handeln begegnet, werden wir von einer Liebe berührt und ergriffen, die uns einen Wert und eine Würde erfahren lässt, die ohne Bedingungen und Einschränkungen gilt und bleibt. Auf diese Liebe können wir uns bedingungslos verlassen, aus ihr empfangen wir die Kraft, das Vertrauen und die Zuversicht zur eigenen Menschwerdung vor Gott und in der Welt. Wie Bäume in der Erde wurzeln und ihre Lebenskräfte aus der Tiefe empfangen, damit sie wachsen und stark werden, so sind wir in der Liebe Gottes verwurzelt und fest gegründet.

Aus der Resilienzforschung wissen wir, dass Menschen, die in ihrem Leben verlässliche Beziehungen erlebt, ein hohes Zutrauen in ihren Selbstwert und ihre Selbstwirksamkeit erfahren haben, befähigt und begabt sind, sich auch gegen Widerstände zu entfalten und zu wachsen, und eine innere Kraft haben, auch Krisen und Enttäuschungen zu überwinden.

Wenn wir auf die Liebe Gottes, die uns in Christus begegnet, vertrauen, dann kann sie in uns einen Selbstwert und eine Selbstwirksamkeit entfalten und bewirken, die uns innerlich stark machen und in allen Herausforderungen heitere Gelassenheit schenken. Ja, sie kann uns verwandeln, dass wir selbst „Mensch“ werden und an der Humanisierung unserer Gesellschaft und unseres Zusammenlebens mit Empathie, Nächstenliebe, Gerechtigkeit und Frieden mitwirken.

Allerdings geht diese Verwandlung durch das Wohnen Christi in unseren Herzen und in seiner Liebe weit über unsere Person und unser individuelles Leben hinaus. Denn sie erschließt uns den ganzen Kosmos, sie lässt uns seinen Schöpfer und Herrscher erkennen, die alles übersteigende Liebe Christi schauen und von der ganzen Fülle der Herrlichkeit Gottes erfüllt sein.

Dieser Prozess der „inneren Menschwerdung“ zur vollkommenen Verwandlung in die Herrlichkeit Gottes geschieht durch das wunderbare Wirken des heiligen Geistes in uns und an uns – schon jetzt. Denn der Christus, der in unseren Herzen wohnt und in uns wirkt, ist der Sohn Gottes, der alles überwunden hat und mit Gott in Ewigkeit herrscht. Kein Geringerer, kein Niedriger ist durch den Glauben in uns zuhause, herrscht und regiert in unseren Herzen. Darum sind wir schon jetzt vollends einbegriffen und einbezogen in seine Herrschaft. Weil Christus in uns wohnt, sind wir ganz und gar in Christus geborgen – schon jetzt. Wir dürfen und können damit rechnen, dass er alles in seinen Händen hält und vollenden wird, was er begonnen hat.

Für die Christen in Kleinasien war dieser Christus zugleich das Haupt des Leibes, in dem sie sich mit allen anderen Gemeinden aus Juden- und Heidenchristen verbunden sahen in all ihrer Verschiedenheit und Unterschiedlichkeit. Durch dieses „Haupt“ der Kirche sind wir im Herzen miteinander untrennbar und unauflöslich als seine Gläubigen verbunden zu einer Gemeinschaft. Die Verwandlung zur „inneren Menschwerdung" korrespondiert untrennbar mit dieser äußeren Gestaltwerdung der Kirche Christi, die daran erkennbar wird, dass in ihr Christus wohnt und alles, was sie tut, in seiner Liebe wurzelt und gründet. Daran wird sich kirchliches Handeln in allen weltlichen und geistlichen Herausforderungen messen lassen müssen jetzt und in Zukunft. Zugleich liegt in dem wunderbaren Wirken des heiligen Geistes der feste, unumstößliche Grund zur Hoffnung auf die Vollendung und in der Herrschaft Christ die Gewissheit seines Sieges allem zum Trotz.

Wie diese Hoffnung sich im Gebet des Paulus-Schülers ausdrückt, mündet alles in die Bitte, in den Dank und das Lob der Herrlichkeit Gottes ein, die uns empfänglich machen für Gottes Wirken und seiner Herrschaft innewerden lassen.

Ein Mönch fragte den Altvater:
„Was ist der Gott gemäße Fortschritt des Menschen?"
Der Greis antwortete ihm:
„Der Fortschritt des Menschen ist die Demut.
Denn je mehr einer hinabsteigt in die Demut,
desto weiter schreitet er voran in seinem Aufstieg."

Das große Gerontikum, Nauen 2009, S. 520, Nr. 208

Philipper 2, 5. 6-11. 12-13

Mensch werden

Seid unter euch so gesinnt, wie Jesus Christus auch war (wie es der Gemeinschaft mit Jesus Christus entspricht). Jesus Christus, der in göttlicher Gestalt war, hielt das Gott-gleich-sein, nicht für einen Zustand, den er festhalten müsste (dem Tod enthoben zu sein), sondern er entäußerte (entblößte) sich selbst und nahm Knechtsgestalt an, ward den Menschen gleich. Und der Erscheinung nach wie ein Mensch erfunden, erniedrigte er sich selbst und ward gehorsam bis zum Tod, und zwar zum Tode am Kreuz. Darum hat auch Gott ihn (über alle Maßen) erhöht und ihm den Namen gegeben, der über alle Namen ist, damit im Namen Jesu sich beugen sollen aller derer Knie, die im Himmel und auf der Erde und unter der Erde sind, und alle Zungen bekennen sollen, dass Jesus Christus der Herr ist, zur Ehre Gottes. Schaffet (bewirkt), dass ihr selig werdet, mit Furcht und Zittern (Macht euch mit Furcht und Zittern auf den Weg zu eurem Heil)! Denn Gott ist es, der in euch beides wirkt, das Wollen und das Vollbringen (Wirksamsein), nach seinem guten Ratschluss.

Jesus kommt nicht nur von Gott her und weist auf Gott hin, er ist selbst ursprünglich wesenseins mit Gott. Er legt seine göttliche Gestalt und Macht ab, er kann sich seiner Herkunft und Herrschaft entledigen, sich frei davon machen, so sehr ist er Gott gleich in seiner unbegrenzten Möglichkeit und Herrlichkeit, die alle Vorstellungskraft des

Möglichen und Machbaren übertrifft.

Der mit dem Herrscher der Welt eins ist, verlässt seine Weltbühne und wird ein Knecht, der Freie entledigt sich seiner Freiheit und wird aus freien Stücken ein Abhängiger, ein Dienender, ein Unfreier. Was ist das für eine göttliche Revolution: Gott entmachtet sich selbst, er verzichtet auf seine Größe und Herrlichkeit, der Mächtige wird schwach, der Ewige wird vergänglich, der Von-Ganz-Oben kommt nach ganz unten und wird den Menschen gleich.

Jesus wird menschlich, endlich, verletzlich und vergänglich wie wir. Er nimmt unsere Gestalt an und lässt sich auf alle Tiefen menschlichen Lebens ein. Nichts bleibt ihm fremd und nichts erspart, was menschliches Dasein zeichnet und ausmacht. Er verschont sich selbst nicht, sondern setzt sich dem Leben aus, das er ohne Vorbehalt und uneingeschränkt mit anderen lebt und teilt. Er lässt sich auf die Menschen ein, nimmt Anteil, macht ihr Geschick zu seinem und tritt für sie ein.

Darin bleibt er sich selbst treu und verbindet sich mit denen, die sich für ihn öffnen und ihn in ihrem Leben aufnehmen. Indem er sein Menschsein konsequent und schonungslos lebt, erschließt er allen, die ihm begegnen, von ihm betroffen und berührt werden, ihre eigene Menschwerdung und Menschlichkeit. Er bewirkt und verbreitet mit seinem Leben, durch das, was er sagt und tut, durch seine konsequente Menschlichkeit, einen ansteckenden, inspirierenden Prozess der Menschwerdung aller.

Wo es um seine Wahrheit, um die Wahrheit der Menschwerdung geht, wo sie auf dem Spiel steht, ist er bereit zum Streit, nimmt Auseinandersetzungen und Konflikte an, Ablehnung und Widerstände in Kauf, ja am Ende auch seine Verurteilung und seinen Tod am Kreuz. Selbst im Leiden und Sterben folgt er seinem Weg und nimmt alles auf sich. Er weicht dem Tod nicht aus und erweist darin seine letzte, grenzenlose Bereitschaft, sich hinzugeben, eins mit sich zu bleiben und in selbst gewählter Demut Gott gehorsam zu sein.

Jesus erfüllt Gottes Wunsch, den Menschen nahe zu sein und bei ihnen zu wohnen, nicht fern und verborgen zu bleiben, sondern in ihrer Mitte zu sein, in ihr Leben zu kommen, Anteil zu nehmen, sich ihnen zu verbinden und sie mit sich zu vereinen, dass sie sein Volk und er ihr Gott sei und mitten unter ihnen.

Im Leiden und Sterben hat Gott ihn nicht verlassen, sondern treu und unverbrüchlich an ihm festgehalten, ihn durch Schmerz, Verzweiflung und Tod hindurch verwandelt und zu sich geholt. Gott hat ihn von den Toten auferweckt und ihn vor den Augen seiner Jünger entrückt, damit er bei ihm sei und mit ihm herrsche in Ewigkeit.

Gott hat Jesus über alle Maßen erhöht, unbegreiflich und unfassbar für unser Ermessen und Verstehen. Er hat ihn von ganz unten nach ganz oben geholt, ihn aus dem Leben, Leiden und Sterben in seine göttliche Wirklichkeit verwandelt und aufgenommen, damit er mit ihm und in ihm Gott sei wie von Anfang an.

Gott hat ihm einen neuen Namen gegeben, ihm seinen eigenen Namen verliehen, der über allen Namen steht, damit alle Welt sieht und erkennt, dass dieser Jesus Christus mit Gott herrscht und „Herr" (kyrios = griech. Bez. f. Gott) ist über Himmel und Erde. Vor ihm sollen sich alle niederbeugen, ihn als ihren Herrn anerkennen und seine Herrschaft und Macht anbeten. Er ist Herr über alle Lebenden und Toten, wie auch über die, welche schon im Himmel und bei Gott sind, denn Gott selbst hat ihn eingesetzt und erweist in ihm und durch ihn seine Herrlichkeit.

Darum sollen alle Menschen bekennen, dass er, Jesus Christus, der als Mensch gelebt hat, der gelitten und gestorben ist, der auferstanden ist von den Toten und den Gott zu sich gerufen hat, der Herr ist, der mit Gott herrscht über Himmel und Erde und alles, was darinnen ist. Denn darin geben wir Gott die Ehre. Alles geschehe zu seiner Ehre, zum Lob und Dank Gottes!

Der Weg der Verwandlung, den Jesus geht, wird ermöglicht und erschlossen durch seine Demut. Er entäußert sich selbst, legt seine göttliche Gestalt ab, erniedrigt sich zum Diener, wird Mensch und stirbt den Tod am Kreuz und erfüllt damit bis zur vollkommenen Selbsthingabe Gottes Wunsch, nah bei den Menschen zu sein, weil er es will, weil er die Menschen sucht und alles überwinden will, was uns von ihm trennt.

Dem Wunsch Gottes, bei den Menschen zu sein, unter ihnen und in ihren Herzen zu wohnen, gibt er sich hin. Auf diesem Weg bleibt er unerschütterlich und unbeirrbar konsequent und sich selbst treu, bis zur letzten Konsequenz in seinem Tod. In dieser Hingabe erweist sich und offenbart sich seine Treue zu Gott und seine vollendete Nähe und Gemeinschaft mit uns. Durch ihn kommt Gott ganz zu uns und durch ihn werden wir hineingenommen in die Nähe Gottes, die in ihm reale menschliche Gestalt angenommen hat und offenbar geworden ist, damit wir in unserem Leben, Leiden und Sterben nicht allein und verlassen, sondern in Gott und seiner Gegenwart geborgen bleiben. Nichts kann uns nunmehr von ihm trennen.

Auf seine Demut folgt nicht das Vergessen und Vergehen für immer und ewig, sondern seine Erhöhung durch Gott. Er wird aus dem Tod ins Leben verwandelt und in die Wirklichkeit Gottes aufgenommen und verewigt, dass er mit Gott herrscht über Himmel und Erde. Er erhält den Namen Gottes, der Herr ist über alles, damit alle sich zu ihm bekehren und Gott anbeten.

Aus göttlicher Demut wird Jesus Mensch, damit Gott bei den Menschen und auf der Erde präsent und gegenwärtig ist durch ihn. Wir als Menschen sollen Jesus ähnlich und gleich gesinnt werden (Phil. 4, 3.5.8 – vgl. bes. v. 3 und 8). Seine Ähnlichkeit und Gesinnung können wir aber nur annehmen, wenn wir Christus aufnehmen, auf ihn vertrauen und ihn im Herzen tragen. Wo wir Christus in uns und unter uns Raum geben, da zieht auch Gott bei uns ein und wir können in seiner Gegenwart leben. Wo wir das tun, werden wir Christus ähnlich und erfüllen Gottes Wunsch, nahe bei uns zu sein und in unserem Leben einen Platz zu haben.

Die Demut und den Gehorsam Christi können wir nur von ihm lernen, indem wir uns Christus zuwenden und uns seiner Führung anvertrauen. Wo dies geschieht, ist es Geschenk und Gnade, durch die Gott in Christus an uns handelt. Da werden wir durch die Demut hineingenommen in die Vergöttlichung Christi, das, was mit ihm geschieht, vollzieht und realisiert sich auch an uns und in uns.

Wir werden Christus ähnlich und wie er Schritt für Schritt durch unser Leben, Leiden und Sterben in die Wirklichkeit Gottes hinein verwandelt. Wir können zuversichtlich und in heiterer Gelassenheit unseren Weg gehen, uns auf die Unwägbarkeiten und die Unübersichtlichkeit, auf die Tiefen und Abgründe unseres Lebens und Todes einlassen, wir brauchen nichts mehr zu fürchten in dieser Welt, denn in allem begegnen wir ihm, ist er uns nah. Durch ihn und in ihm ist Gott gegenwärtig. Darauf dürfen wir vertrauen, uns von ganzem Herzen verlassen, denn Gott schenkt das Wollen und das Vollbringen (Phil. 4, 13), darum wird er uns am Ende in seine Wirklichkeit aufnehmen und in seiner Nähe bergen.

Jesus zeigt uns den Weg zu Gott und geht uns voraus. Er führt über die Menschwerdung Gottes zur Vergöttlichung der Menschen. Wenn wir auf sein Wort hören und seinem Weg folgen, Demut und Gehorsam von ihm lernen, geschieht die Menschwerdung auch an uns, weil wir an Gottes Gegenwart Anteil nehmen und durch sie verwandelt werden. Wir werden durch Christus in das Leben mit Gott hineingenommen und mit allen verbunden, die an ihn glauben und ihm folgen. Wie Christus werden wir durch Gott am Ende vollkommen in seine Wirklichkeit aufgenommen.

Dieser Weg der Menschwerdung und Verwandlung ist kein isolierter Weg des einzelnen Christen, kein individueller Weg, sondern der Weg, auf den Gott alle Menschen führen will. Durch Christus will Gott allen Menschen nahe sein und sie auf den Weg der Menschwerdung bringen, dass sie alle in seiner Gegenwart leben und am Ende in seine Wirklichkeit verwandelt werden.

Die Gottheit Gottes verwirklicht sich durch die Menschwerdung aller vor Gott und ihre Verwandlung in seine Wirklichkeit. Darum soll die Botschaft von Jesus Christus allen Völkern verkündigt werden, damit sie sich zu ihm bekehren und seinem Weg folgen.

Alles geschieht durch Gottes Wirken, das ausschließlich darin gründet, dass er bei uns sein und unter uns wohnen will. Dies zu bekennen und zu bezeugen, ist unsere Aufgabe, mit Worten und Taten, aber vor allem mit Lob und Anbetung, damit alle Welt es erkennt und sich zu ihm bekehrt! Ehre sei Gott!

„Der gemeinsame Lobpreis im Gottesdienst weist uns auf den, der uns alle mit Gott, mit uns selbst und untereinander versöhnt hat. Dass er versöhnt hat, wird in unserem gemeinsamen Jubel Wirklichkeit. Denn er allein ist es, der alles trägt. Er hat versöhnt, und nur über ihn werden wir alle eins. Als der Erste ist er unser Haupt als der Versöhner."

K. Berger, Wie ein Vogel ist das Wort, Stuttgart 1987, S. 134

Kolosser 1, 12-14. 15-20

Alles ist entschieden

Mit Freude dankt dem Vater, der euch befähigt hat zum Anteil an dem Erbe der Heiligen im Licht! Dieser hat uns aus der Macht der Finsternis errettet und uns in das Reich seines lieben Sohnes versetzt, in dem wir die Erlösung haben, (nämlich) die Vergebung der Sünden. Er ist das Ebenbild des unsichtbaren Gottes, der Erstgeborene (vor) aller Schöpfung. Denn in ihm ist alles geschaffen (worden), in den Himmeln und auf der Erde, das Sichtbare und das Unsichtbare, seien es Throne oder Herrschaften oder Mächte oder Gewalten, es ist alles durch ihn und zu ihm geschaffen. Und er ist vor allem, und es besteht alles in ihm. Und er ist das Haupt des Leibes, (nämlich) der Gemeinde. Er ist der Anfang, der Erstgeborene von (aus) den Toten, damit er in allem der Erste sei. Denn in ihm wollte Gott in seiner ganzen Fülle wohnen und durch ihn alles mit sich versöhnen, sei es auf Erden oder im Himmel, indem er Frieden machte durch sein Blut am Kreuz.

In wunderbaren Farben malt der Hymnus des Kolosserbriefes ein Bild, ja, eine Ikone von Christus, die wie ein Fenster durchscheinend wird für sein Wirken und seine Gegenwart. Wer Christus ist, woher er kommt und wozu, was er macht und bewirkt, wird darin vergegenwärtigt und nimmt uns in seine Wirklichkeit hinein, dass wir nicht nur Betrachtende bleiben, sondern selbst Teil des Geschehens werden.

Nun hat diese Ikone zwei Bildhälften, die jeweils eine

andere Gestalt zeigen, aber die aufeinander bezogen sind, einander erweitern und zu einem Bild ergänzen, denn nur zusammen bilden sie die Wirklichkeit von ein und demselben Christus ab.

Da wird Christus als „Erstgeborener vor aller Schöpfung“ und zugleich als „Erstgeborener von den Toten“ dargestellt, als Schöpfungsmittler, durch den und zu dem hin alles geschaffen ist, und zugleich als Erlöser, durch den alles im Himmel und auf Erden mit Gott versöhnt ist und der das Haupt des ganzen Leibes ist. Die Schöpfungsvermittlung und die Erlösung Christi sind untrennbar aufeinander verwiesen und angewiesen, sie ergeben nur im Zusammenwirken das eine Bild, die Ikone Christi. Ja, die Zusammengehörigkeit und das Ineinanderwirken von Schöpfungsvermittlung und Erlösung machen die Identität Christi aus und verleihen ihm eine Wirkung und Bedeutung für unseren Glauben und die ganze Welt, die für alle Zeiten gilt und über alles erhaben ist.

Christus, der mit Gott ursprünglich alles Leben geschaffen hat und mit seiner Schöpferkraft in allem ist und wirkt, ist derselbe, der uns von aller Schuld und dem Tod erlöst, indem er uns Anteil gibt an seiner Auferstehung. Unsere Erlösung ist nicht das Ergebnis der Geschichte Gottes mit uns, sondern von Anfang an in dem Schöpfungshandeln Christi begründet und ermöglicht. Er hat die Macht und die Kraft, uns vom Tode zu befreien und mit Gott zu versöhnen, weil er alles Leben mit Gott erschaffen hat und durchdringt. Denn Gott wollte in ihm wohnen und durch ihn alles mit sich versöhnen. Indem er für uns stirbt und uns vom Tode erlöst, erweist er sich als der Erste und der Letzte, das Haupt der Kirche und das Ebenbild Gottes von allem Anfang bis in alle Ewigkeit.

In Christus wird Gottes Wirklichkeit sichtbar und erkennbar in ihrer ganzen unendlichen Macht und Herrlichkeit, denn er ist das „Geheimnis Gottes“ (Kol 2, 3) und in ihm liegen verborgen alle Schätze der Weisheit und der Erkenntnis.

Christus war vor aller Zeit, durch ihn, in ihm und auf ihn hin ist alles gemacht, was geschaffen ist. Er hat uns erlöst und befreit von allen Anklagen und aller Schuld. Durch seinen Tod am Kreuz werden wir versöhnt mit Gott, indem er sich bedingungslos hingegeben und sein unschuldiges Blut vergossen hat stellvertretend für alle. Durch seinen Tod haben wir die Vergebung der Sünden und sind dem „alten“ Leben und den Mächten der Welt gestorben und entzogen. Durch seine Auferstehung haben wir Anteil an seinem Reich und seiner Herrlichkeit. Wir sind aus der Macht der Finsternis errettet und gehören zu seinen Heiligen im Licht. Durch seine Auferstehung gehören wir zu ihm und sind untrennbar für immer mit ihm verbunden.

Der, der mir das Leben geschenkt und mich begleitet hat, kennt mich von Anfang an und weiß um die Schatten und Dunkelheiten in meinem Herzen. Er wird selbst Mensch, lässt sich auch auf meine menschliche Tiefe ein und ergründet alle meine Abgründe, um mich neu zu gründen und zu erschaffen durch seinen Tod und seine Auferstehung. Ich lebe nun nicht mehr in mir, sondern in ihm, in seinem Licht. Er hat mich zur Versöhnung befreit und mir seinen Frieden geschenkt, damit ich eins werde mit ihm und mit mir selbst und mein Herz Frieden findet in ihm.

Christus ist das Haupt des Leibes aller Gläubigen, die er verbindet und zusammen hält, und er hat die Herrschaft über alles im Himmel und auf der Erde. In ihm ist es begründet und ermöglicht, dass wir alle versöhnt werden und in Frieden vereint sind mit der Schöpfung. Alle Mächte und Gewalten sind ihm untertan und können uns nichts anhaben, denn „in ihm wohnt die ganze Fülle der Gottheit leibhaftig und an dieser Fülle" haben wir Anteil in ihm, der das „Haupt aller Mächte und Gewalten ist" (Kol 2, 9-10). Alles ist in ihm entschieden und unter seiner Herrschaft.

Die „Identitätsproklamation" Christi ist für uns und alle Welt von entscheidender Bedeutung, weil sie über die Relevanz, die Wirksamkeit, die Bedeutsamkeit und die reale Qualität unserer Erlösung, Rettung und Lebenshaltung für alle Zeit und Ewigkeit entscheidet. Sie bestimmt unser Selbst- und Weltverständnis, unser „Woher" und „Wohin", unser Ziel und unseren Sinn und den der ganzen Welt und Geschichte.

Wir gehören durch unseren Glauben zu seinem „Leib", damit sind wir eins mit dem, der Maß und Haupt aller Dinge ist. In ihm sollen wir leben, fest verwurzelt und gegründet bleiben (Kol 2, 7). Alles Leben, Lieben, Leiden und Sterben steht damit in der Gewissheit, dass alles schon entschieden ist und wir gerettet sind für immer durch Christus in Gott. Damit in allem zu rechnen und dessen stets gewiss zu sein, heißt, alles, was wir tun und lassen, soll darin gründen und darauf hinweisen, dass in Christus alles entschieden ist, zu seinem Lob und zum Dank Gottes.

Alles, was wir tun, sollen wir im Namen Jesu Christi und durch ihn zum Dank Gottes tun (Kol 3,17). Alles beginnen und beenden im Namen Christi, könnte unserem Leben eine neue Orientierung und Ausrichtung geben, dass es geprägt und getragen ist von

solidarischer,
engagierter,
froher,

zuversichtlicher,
demütiger,
friedvoller,
geduldiger,
sanftmütiger,
entschiedener,
heiterer
Gelassenheit
des Sieges Christi.

Die letzte angemessene Haltung oder der immerwährende Ausdruck dessen ist der Hymnus auf Christus, das Lob Christi und der Dank Gottes durch ihn als Vorwegnahme der kosmischen Vollendung, die vergegenwärtigt und verwirklicht wird, wenn wir im Gebet, Lied und Gottesdienst miteinander Christus loben und Gott danken durch ihn.

„Gott will alle Menschen zu seinen Kindern machen, ja die ganze Welt sich ähnlich werden lassen nach dem Entwurf, den er in Jesus Christus präsentiert hat."

K. Berger, Biblische Spiritualität, 2003, S. 66

1. Johannes 3, 1-6

Kinder Gottes sein

Seht, welch eine (eine wie beschaffene) Liebe hat uns der Vater erwiesen (gegeben), dass wir Kinder Gottes heißen sollen (genannt werden) – und wir sind es auch. Darum (deswegen erkennt) kennt uns die Welt nicht; denn (weil) sie kennt ihn nicht (erkannt hat). Meine Lieben, wir sind schon Gottes Kinder; es ist aber noch nicht offenbar geworden, was wir sein werden. Wir wissen aber: wenn es offenbar wird, werden wir ihm gleich sein; denn wir werden ihn sehen, wie er ist. Und ein jeder, der solche Hoffnung auf ihn hat, der reinigt sich, wie auch jener rein ist. Wer Sünde tut, der tut auch Unrecht (die Gesetzwidrigkeit), und die Sünde ist das Unrecht (die Gesetzwidrigkeit). Und ihr wisst, dass er erschienen (offenbart worden) ist, damit er die Sünden wegnehme, und in ihm ist keine Sünde. Wer in ihm bleibt, der sündigt nicht; wer sündigt, der hat ihn nicht gesehen und nicht erkannt.

Der Theologe Fulbert Steffensky berichtet, wie er in der Advents- und Weihnachtszeit seinem Enkelkind die Verkündigungsgeschichte von dem Engel erzählt, der Maria ein Kind verheißt. Als er fragt: „Weißt du, wer dieses Kind war?“ kommt die prompte Antwort des Enkelkindes: „Ich war das!“ (F. Steffensky, Der Schatz im Acker, Stuttgart 2010)

Es ist wunderbar, wie dieses Kind sich einfühlt und hineindenkt in die ferne Geschichte, sie aneignet, vergegenwärtigt und zur eigenen macht, wie es sich als Kind Gottes sieht und so mittendrin ist in der Geschichte Gottes mit uns Menschen, ja, diese für sich realisiert. Hier ereignet sich eine Gleichzeitigkeit des Gottes-Kind-Seins und des Kind-Gottes-Werdens durch die Identifikation des Kindes mit dem göttlichen Kind in der Krippe. Darin liegt der Schlüssel für das im Text zentrale Bild der Kinder Gottes.

Wie auch immer andere Menschen im Laufe unseres Lebens uns sehen, nennen und bewerten, wie auch immer wir uns selbst wahrnehmen, darstellen und inszenieren möchten, was auch immer an unerwarteten und offenen künftigen Ereignissen uns und unser Leben bestimmen mag, steht nun unter einem anderen Vorzeichen, in einem Bezugs-Rahmen, in einer Wirklichkeit, die alles bestimmt. Wir heißen Kinder Gottes – und sind es auch.

Durch die Liebe des Vaters, die in Christus erschienen ist (1. Joh 4, 1), die er uns in ihm und durch ihn offenbart und zuteil werden lässt, werden und sind wir Gottes Kinder, hineingenommen in eine „unübertreffliche Nähe" (K. Berger, Bibl. Spir. 70) einer Beziehungswirklichkeit, in die wir hineingeboren sind, zu der wir gehören und die uns umgreift, was auch immer aus uns werden mag, die unverbrüchlich ist und nicht endet, was auch immer wir anstellen mögen. Dieses Geschehen begründet und ermöglicht Gott selbst, indem er ein Kind wird.

Gott wird ein Kind. Gott ist kindlich geworden; unvoreingenommen, schutzlos und bedürftig kommt er in unser Leben. Das Große erscheint im Kleinen, das Starke im Schwachen, das Vollkommene im Bedürftigen.

Er begegnet uns und rührt uns an, wo wir selbst innerlich Kind sind – auch als Erwachsene Kind bleiben, wo wir voller kindlicher Wünsche und Sehnsüchte sind:

- schwach sein können ohne Angst,
- nicht immer alles wissen und können zu müssen, sondern fragen zu dürfen,
- nicht leisten und sich nicht beweisen zu müssen, sondern einfach da sein zu dürfen,
- sich nicht behaupten müssen, sondern sich hingeben können,
- nicht fertig, nicht erwachsen sein müssen, sondern werden und wachsen können

Das Christus-Kind in der Krippe rührt diese kindlichen Sehnsüchte in uns an und erlaubt uns, selbst Kind zu sein. Vor diesem Kind dürfen wir selbst Kind sein und spüren, dass Gott auch in uns, in unsere tiefe Sehnsucht kommt, ja hinein geboren wird und uns mit seiner Liebe erfüllt. An dieser Krippe dürfen wir erkennen, dass wir tief im Herzen von Gott geliebt und geborgen sind – wie ein Kind.

Da können wir eins sein mit uns selbst trotz allen Zwiespalts und Zweifels.

Da können wir uns schutzlos geben ohne Angst, weil er es gut mit uns meint.

Da können wir getröstet werden und vertrauen wie ein Kind, das sich sicher und beschützt fühlt.

Da können Sorgen von uns abfallen und Nöte kleiner werden, weil er zu uns hält und für uns sorgt.

Da können wir tief im Herzen ruhig werden, heiter, gelassen und unbeschwert – weil er für uns da ist und wir Gottes Kinder sind und bleiben.

Von der Geburt Jesu Christi, von der Menschwerdung Gottes im Kind können auch wir verwandelt werden, ja, selbst zu Kindern werden, zu Kindern Gottes.

Wer sich vorstellt, ein Kind Gottes zu sein, der beginnt,

sich und sein Leben mit anderen Augen zu sehen:

- zerbrechlich, doch heil und ganz,
- in Ängsten, doch von Vertrauen getragen,
- unfertig, entfremdet und doch geliebt,
- bedürftig und doch behütet und bewahrt.

Und wer sich selbst als Kind, als Kind Gottes erlebt, wird auch in anderen Kinder Gottes, Schwestern und Brüder sehen, die ebenso liebenswert, würde- und wertvoll sind – trotz alledem!

Wir sind schon Kinder Gottes, auch wenn wir im Alltag immer wieder und noch immer die alten sind und in alten Mustern denken und handeln. Auch wenn unsere Welt und unser Leben nicht durchgängig und nicht immer danach aussehen, sind und bleiben wir Gottes Kinder. Dieses Kind-Sein begabt und befähigt uns, schon jetzt von Gott her und vor Gott zu leben. Wir gehören zu Gott und sind von seiner Liebe durchdrungen und bestimmt. Wenn wir uns daran halten und davon leiten lassen, dann werden wir noch keine besseren Menschen, nicht perfekt und nicht tadellos sein, aber wir bleiben in Gott und Gott bleibt in uns, nichts kann uns letztlich von ihm und von seiner Liebe trennen. Denn wir bleiben im Leben und Glauben, was wir vor Gott und von Gott her schon sind, Gottes Kinder. In diesem Bezogensein und Bestimmtsein, in diesem Hineingenommensein in die Liebe Gottes hat die Sünde keinen Raum und keinen Zugang, nichts im Leben und im Sterben kann uns von dieser Liebe trennen.

Es ist noch nicht offenbar, was aus uns wird, aber es ist bereits entschieden. Wir haben als Kinder Gottes eine feste Zuversicht und eine unverbrüchliche Hoffnung, dass wir

Gott gleich sein werden und ihn sehen werden, wie er ist. Das Ziel unseres Lebens und Sterbens liegt in Gott, dass wir am Ende vollends in die Wirklichkeit seiner Liebe hinein genommen und verwandelt, eins mit ihr werden.

Von dieser Hoffnung her wird nun alles ausgerichtet und bestimmt. Wenn wir davon berührt und ergriffen sind, dann werden wir uns „reinigen“, dass für das Böse, das Unrecht und die Sünde kein Raum bleibt zwischen Gott und uns, dann werden wir beherrscht von der Liebe und Gott bleibt in uns und wir bleiben in Gott – nichts kann uns von ihm und von seiner Liebe trennen.

Das „Seht“ ist von Anfang her der Aufruf, auf die Liebe zu schauen, die uns in Christus begegnet, uns von ihr aufschließen, hineinnehmen und bestimmen zu lassen, dass wir in dem leben und bleiben, was wir von Gott her und vor Gott sind – Kinder Gottes!

„Bernhard von Clairvaux sagt in seiner 3. Homilie zum Lob der Gottesmutter: Uns ist er geboren ..., nicht den Engeln, die nicht des kleinen Kindes bedurften, da sie doch den großen Gott hatten. Uns also ist er geboren, denn wir bedürfen seiner ... Siehe, ein kleines Kind wird in unsere Mitte gestellt. O Kind, ersehnt von den Kleinen ... Bemühen wir uns, jenes Kindlein zu werden, lernen wir von ihm, denn es ist sanft und demütig von Herzen, damit nicht der große Gott ohne Grund ein kleiner Mensch geworden ist, damit er nicht vergeblich gestorben, nicht unnütz gekreuzigt worden ist! Lernen wir seine Demut, ahmen wir seine Sanftmut nach, umfassen wir seine Liebe ...“ (K. Berger, Bibl. Spir. 74)

Wie Christus werden, zum Kind werden, zu seiner Nachbildung, so dass sein Bild sich uns einprägt, uns durchwirkt und verwandelt, damit an uns und in uns seine Liebe widerscheint. Dieses hat schon angefangen, vergegenwärtigt, realisiert und ereignet sich an uns, wenn wir uns als Kinder Gottes in dem Christus-Kind erkennen und vertrauend darauf einlassen!

„Philosophie, wie sie im Angesicht der Verzweiflung einzig noch zu verantworten ist, wäre der Versuch, alle Dinge so zu betrachten, wie sie vom Standpunkt der Erlösung aus sich darstellten. Erkenntnis hat kein Licht, als das von der Erlösung her auf die Welt scheint."

Th. W. Adorno, Minima Moralia, Frankfurt 1981, Aph. 153

Offenbarung des Johannes, Kap. 12-14

Gott loben und preisen

In dem Kernstück der Offenbarung erzählt der Seher Johannes seine Vision von dem Kampf zwischen Drachen und Lamm. Kapitel 12 erzählt in mythischen Bildern die Vision von einer Frau, die den Messias zur Welt bringt, sowie von ihrer Verfolgung und wunderbaren Bewahrung. Im Himmel entbrennt der Kampf zwischen Michael und dem Drachen. „Und es wurde hinausgeworfen der große Drache, die alte Schlange, die da heißt: Teufel und Satan, der die ganze Welt verführt, und er wurde auf die Erde geworfen, und seine Engel wurden mit ihm dahin geworfen." (12, 9) Im Himmel ertönt die große Stimme, die nun für alle und für immer verkündet: „Nun ist das Heil und die Kraft und das Reich unseres Gottes geworden und die Macht seines Christus ... Darum freut euch, ihr Himmel und die darin wohnen!" (12, 10.12)

Der Drache, der nun auf die Erde verdammt ist, kämpft gegen die „Frau", die wunderbar errettet wird. Aus Zorn verfolgt der Drache „die übrigen von ihrem Geschlecht, die Gottes Gebote halten und haben das Zeugnis Jesu" (12, 17).

In der Gestalt eines Tieres, das aus dem Meer aufsteigt, führt der Drache seinen Kampf gegen Himmel und Erde. Er lästert Gott, seinen Namen und sein Haus und die im Himmel wohnen. Er bekommt Macht, gegen die Heiligen zu kämpfen und sie zu überwinden (13, 1-8). „Alle, die auf der Erde wohnen, beten es an" (13, 8), aber allen, deren Namen im Lebensbuch des Lammes geschrieben stehen, kann er nichts anhaben.

„Wenn jemand ins Gefängnis soll, dann wird er ins Gefängnis

kommen; wenn jemand mit dem Schwert getötet werden soll, dann wird er mit dem Schwert getötet werden. Hier ist Geduld und Glaube der Heiligen!" (13, 10)
Ein zweites Tier, das aus der Erde aufsteigt, übt alle Macht des ersten Tieres aus und es bewirkt, dass „die Erde und die darauf wohnen, das erste Tier anbeten" (13, 12). Es tut große Zeichen und verführt alle, ein Bild des ersten Tieres zu machen und es anzubeten. Das Bild empfängt Geist von dem Tier und wird mächtig, alle zu töten, die es nicht anbeten, und es bewirkt, dass alle, die es anbeten, sein Zeichen tragen. (13, 11-18)
Darüber steht die Vision des Sehers Johannes von dem Sieg des Lammes über den Drachen, die er nun in Kapitel 14 an den Himmel der Geschichte zeichnet.
„Und ich sah, und siehe, das Lamm stand auf dem Berg Zion und mit ihm Hundertvierundvierzigtausend, die hatten seinen Namen und den Namen seines Vaters geschrieben auf ihrer Stirn." (14, 1) ... „Und sie sangen ein neues Lied vor dem Thron ... und niemand konnte das Lied lernen außer den Hundertvierundvierzigtausend, die erkauft sind von der Erde. Diese sind's, die sich mit Frauen nicht befleckt haben, denn sie sind jungfräulich; die folgen dem Lamm nach, wohin es geht. Diese sind erkauft aus den Menschen als Erstlinge für Gott und das Lamm, und in ihrem Mund wurde kein Falsch gefunden; sie sind untadelig." (14, 3-5)
Durch einen himmlischen Engel wird nun allen auf der Erde das ewige Evangelium verkündet: „Fürchtet Gott und gebt ihm die Ehre; denn die Stunde seines Gerichts ist gekommen! Und betet an den, der gemacht hat Himmel und Erde und Meer und die Wasserquellen!"
Zugleich tritt ein zweiter Engel auf, der den Fall des Teufels in Gestalt der Hure Babylons verkündet. (14, 8)
Ein dritter Engel kündet das Gericht an: „Wenn jemand das

Tier anbetet und sein Bild und nimmt das Zeichen an seine Stirn oder an seine Hand, der wird von dem Wein des Zornes Gottes trinken ...“ (14, 9-10)
„Hier ist die Geduld der Heiligen! Hier sind, die da halten die Gebote Gottes und den Glauben an Jesus! ...Selig sind die Toten, die in dem Herrn sterben von nun an. Ja, spricht der Geist, sie sollen ruhen von ihrer Mühsal; denn ihre Werke folgen ihnen nach.“ (14, 12-13)
Als Finale wird der Beginn der Ernte mit Sichel und Winzermesser beschrieben, mit denen Engel über die Erde gehen, alles abschneiden und sie in die „große Kelter des Zornes Gottes“ (14, 19) werfen, in der sie zertreten werden.

In apokalyptischen Bildern schildert der Seher Johannes den bedrängten und verfolgten Christengemeinden in Kleinasien, wie ihre Geschichte ausgehen wird. Seine Vision vom Sieg des Lammes über den Drachen und den Untergang ihrer Verfolger malt er in Bildern, in denen Menschen sich und ihr bedrängtes Leben als Christen und als Kirche unter der Macht der römischen Verfolger und Unterdrücker wieder erkennen, aber durch die sie getröstet, ermutigt und aufgerichtet werden, im Angesicht des schon errungenen Sieges Christi über die Welt zu dulden und auszuharren, treu und fest im Glauben zu stehen und zu bleiben.

In der Gestalt der Frau, die den Messias zur Welt bringt, identifizieren die frühen Christengemeinden ihre Kirche aus Juden und Heiden, die von den römischen Herrschern verfolgt wird. Während auf der Erde der Kampf und das Leiden weiter toben, ist im Himmel schon alles entschieden. Der Teufel ist von Michael besiegt und aus dem Himmel verstoßen worden. Er, der die Menschen vor Gott anklagt und verurteilt, hat seine Stimme und seinen Platz verloren. Niemand wird mehr auf ihn hören, seine Anklage verstummt für ewige Zeiten und da ist kein anderer, der an seiner Stelle Gericht und Klage führen wird gegen die Menschen. Der Jubel der Erlösten erfüllt den ganzen Himmel, denn sie sind durch das Blut des Lammes, durch ihr Zeugnis und ihr Martyrium erlöst worden.

In wunderbaren Bildern erzählt Johannes von der Erlösung der Christen durch das Blut des Lammes: „Diese sind's, die gekommen sind aus der großen Trübsal und haben ihre Kleider gewaschen und haben ihre Kleider hell gemacht im Blut des Lammes. Darum sind sie vor dem Thron Gottes und dienen ihm Tag und Nacht in seinem Tempel; und der auf dem Thron sitzt, wird über ihnen wohnen. Sie werden nicht mehr hungern noch dürsten; es wird auch nicht auf ihnen lasten die Sonne oder irgendeine Hitze; denn das Lamm mitten auf dem Thron wird sie weiden und leiten zu den Quellen des lebendigen Wassers, und Gott wird abwischen alle Tränen von ihren Augen." (7, 14-17)

Wer seine Kleider im Blut des Lammes wäscht, wer das Blut, das zu Gott gehört, an sich und in seinen Kleidern trägt, dass man es sehen und riechen kann, der ist heilig und gehört zu Gott, der ist gefeit vor bösen Mächten, denn seine Schuld ist abgewaschen. Durch das Blut des Lammes sind die Christen geschützt, auch in Trübsal, Verfolgung und Tod – auch wenn sie auf der Erde noch verfolgt, gemartert und getötet werden von den Herrschern des römischen Reiches, die ihre Macht längst verloren haben.

Die Bilder von der Verfolgung durch den Drachen und die bösen Tiere auf der Erde erzählen die leid- und tränenvolle Geschichte der Christenverfolgungen unter den römischen Kaisern in der zweiten Hälfte des ersten Jahrhunderts und zugleich bekennen sie den Sieg des Lammes über die irdischen und weltlichen Herrscher der Römer und aller kommenden Zeiten.

„Das Lamm, das geschlachtet ist, ist würdig, zu nehmen Kraft und Reichtum und Weisheit und Stärke und Ehre und Preis und Lob. Und jedes Geschöpf, das im Himmel ist und auf Erden und unter der Erde und auf dem Meer und alles, was darin ist, hörte ich sagen: Dem, der auf dem Thron sitzt, und dem Lamm sei Lob und Ehre und Preis und Gewalt von Ewigkeit zu Ewigkeit!" (5, 12-13)

Das Lamm hat schon gesiegt, der Sieg muss nur noch durchgesetzt werden. Darum lässt sich schon jetzt jubeln und feiern auf das, was kommen wird. Bis dahin gilt es, auszuharren in Geduld und Hoffnung, heiter und zuversichtlich das Lied des Sieges anzustimmen über dem anhaltenden Leid und über der Klage Gott als Tröster und Herrscher zu loben und zu preisen.

Johannes von Patmos sieht mehr als das, was sichtbar ist. Er sieht weiter, weil er dem vertraut und glaubt, was in Christus geschehen und offenbar geworden ist: Der Sieg und die Herrschaft Gottes über den Kosmos und alle Mächte darinnen. Das, was ist, ist nicht das, was bleibt, es kommt die neue Welt, das neue Jerusalem, das Christus aufrichtet, wenn er wieder kommt am Ende der Zeiten (19-21).

Die Bedrängnisse, Anfechtungen und Leiden der Menschen, die vor sein Augesicht treten, sind Anzeichen des Kommenden, das in Christus schon angefangen hat und vollendet ist. Das, was Menschen von Gott trennen, sie in Versuchung führen und von Gott abbringen kann, dass sie anderen Mächten verfallen, die keine wirkliche Macht haben, sich in Abhängigkeit und Unterwerfung begeben, ist entmachtet. Doch es bringt alle in Verderbnis und Tod, die nicht am Glauben festhalten und in Treue die Gebote und den Namen Gottes bewahren.

Die himmlische Herrschaft Gottes ist auf dem ganzen Erdball und im Kosmos wirklich und offenbar geworden, so wie Christus es verkündet hat. Die Macht des Teufels ist für immer besiegt und zunichte gemacht. Alle, die noch zweifeln, verfolgt, unterdrückt werden und ohnmächtig leiden, können dessen gewiss sein, dass ihnen nichts geschehen kann, was gegen den Willen und das Wirken Gottes steht. Ihr Vertrauen verleiht ihnen die Geduld und die Demut des Glaubens und der Gewissheit, die Gott schenkt.

Denn es wird vollendet, was Johannes vorausgesehen hat und was schon unterwegs ist: „Siehe da, die Hütte Gottes bei den Menschen! Und er wird bei ihnen wohnen, und sie werden sein Volk sein, und er selbst, Gott mit ihnen, wird ihr Gott sein; und wird abwischen alle Tränen von ihren Augen, und der Tod wird nicht mehr sein, noch Leid noch Geschrei noch Schmerz wird mehr sein; denn das Erste ist vergangen. Und der auf dem Thron saß, sprach: Siehe, ich mache alles neu!" (21, 3-5)

Alles, was wir jetzt sehen und was unser Leben, unsere Geschicke und unsere Welt bestimmen mag, ist vorläufig und vordergründig, Vorspiel, Anzeichen der Herrschaft Gottes, die mit Macht kommt, alles verwandeln und vollenden wird.

Die einzig angemessene Antwort auf dies ist der Lobpreis und der Dank Gottes:

„Lob und Preis sei Gott, denn seine Macht ist ohne Ende! Ehre sei ihm in Ewigkeit!" Der Lobpreis Gottes wird allerdings konkrete, sichtbare, erfahrbare Wirklichkeit in der Treue zu Gottes Wort und Gebot. Erst darin kommt alles, was Gott anfängt und wirkt, zu Gott zurück und wird in ihm vollendet werden – schon jetzt!

Leben in der Gegenwart Gottes

„Kann ich selbst irgend etwas tun, um erleuchtet zu werden?" fragte der junge Novize seinen geistlichen Vater. „Genau so wenig wie du dazu beitragen kannst, dass die Sonne morgens aufgeht", antwortete der alte Asket. Irritiert erwiderte nun jener: „Was nützen dann die geistigen Übungen, die Ihr mir jeden Tag und jede Nacht vorschreibt?" „Um sicher zu gehen, dass du nicht schläfst, wenn die Sonne aufgeht", gab der Alte mit einem gütigen, lächelnden Blick zur Antwort. (Zit. in: menschenmöglich, Jugend Gottesdienst Material 2009, hrsg. v. Ev. Jugendpfarramt Württemberg, Stuttgart 2009, S. 163)

Ganz unabhängig von meinem Tun und Vermögen geht die Sonne auf. Das geschieht und vollzieht sich ganz gewiss, wie dunkel und wie tief die Nacht auch sein mag. Alle geistlichen Übungen beschränken sich darauf, den Aufgang der Sonne nicht zu verschlafen, sondern wach und sensibel dafür zu sein, die Sinne und das Herz aufzuschließen und sich zu öffnen für die Begegnung mit der Wirklichkeit Gottes.

Spiritualität wird im Neuen Testament wirksam und erfahrbar, indem sich Gott in Jesus Christus offenbart und durch den heiligen Geist an uns und in uns wirkt. Wir werden hineingenommen in die aufgehende Gegenwart Gottes und von ihr berührt, ergriffen und verwandelt.

Durch unsere Begegnung mit den biblischen Texten öffnen wir uns für Gott und schließen uns auf für seine Wirklichkeit. Wir lassen uns hineinnehmen in seine Gegenwart, werden empfänglich für seine Nähe und lassen sein Wirken an uns geschehen, uns davon durchdringen, reinigen, erhellen und verwandeln. Unser Denken, Fühlen und Handeln wird auf Gottes Gegenwart hin ausgerichtet, damit wir von Gott her und vor Gott leben können. Wo dies geschieht, werden wir in eine Haltung hineingestellt und eingeübt, dass wir denkend und handelnd in der Gegenwart Gottes sind und leben.

„Die heiligste, gewöhnlichste und nötigste Übung im geistlichen Leben ist die Wahrnehmung der Gegenwart Gottes: dass man an ihr seine Lust hat und sich an die Gemeinschaft mit Gott gewöhnt; dass man demütig zu ihm spricht und sich mit liebevoller Zuneigung des Herzens mit ihm unterhält, und zwar zu jeder Zeit, ja, in jedem Augenblick, ohne Regel und ohne Maß, besonders aber zur Zeit der Versuchung, zur Zeit von Schmerzen, der Dürre, des Überdrusses, ja, auch mitten in unserer Untreue und Sünde." (Bruder Lorenz, All meine Gedanken sind bei dir. In Gottes Gegenwart leben, hrsg. Reinhard Deichgräber, Neufeld 2009, S. 100)

Bibliographische Angaben

Th. W. Adorno, Minima Moralia, Frankfurt 1981

I. Bachmann, Malina, in: Gesammelte Werke Bd. 3, München-Zürich 1982

K. Berger, Was ist Biblische Spiritualität, Gütersloh 2003

K. Berger / Chr. Nord, Das neue Testament und frühchristliche Schriften, Frankfurt 2005

K. Berger, Wie ein Vogel ist das Wort, Stuttgart 1987

D. Bonhoeffer, Widerstand und Ergebung, München 1959

R. Deichgräber (Hrsg.), Bruder Lorenz, All meine Gedanken sind bei dir, Neufeld 2009

Evangelisches Gesangbuch, Ausgabe der Ev. Kirche in Hessen und Nassau, Frankfurt 1994

Das große Gerontikum, Nauen 2009

Heiliger Johannes vom Sinai, Klimax oder Die Himmelsleiter, hrsg. v. Berg-Sinai-Stiftung, Athen 2000

K. Lindner, Avatare und religiöse Sehnsüchte, in: Katechetische Blätter, München, Jg. 134, Heft 03/2009, S. 200-201

Menschenmöglich, Jugend Gottesdienst Material 2009, hrsg. v. Ev. Jugendpfarramt Württemberg, Stuttgart 2009

D. Mieth, Meister Eckart, Einheit mit Gott, Düsseldorf 2008

A. de Saint-Exupery, Der kleine Prinz, Düsseldorf 1982

G. u. Th. Sartory (Hrsg.), Johannes Cassian, Spannkraft der Seele, Freiburg i. Br. 1981

E. Schweitzer, Das Evangelium nach Matthäus, NTD 2, Göttingen 1976

F. Steffensky, Der Schatz im Acker, Stuttgart 2010

Weisung der Väter, Apophthegmata Patrum, Übers. B. Miller, Trier 1998

J. Zink, Dornen können Rosen tragen, Stuttgart 1997

BUCHEMPFEHLUNG

Karl-Heinz Lerch

Wo der Himmel die Erde berührt

Kirchenfenster erzählen vom Glauben

Der blaue Himmel über der Erde ist mehr als Wolken, Licht und Sonne in unendlicher Weite. Er ist ein Symbol für den Himmel des Glaubens.
Es gibt Augenblicke und Orte, in denen der Himmel Gottes auf der Erde sichtbar und spürbar wird. Die Kirchenfenster der Evangelischen Gedächtniskirche zu Bad Homburg erzählen in wunderbaren Bildern von diesem Himmel.
In den meditativen Betrachtungen können wir uns wiederfinden und entdecken, wo der Himmel die Erde berührt und das Reich Gottes unter uns beginnt.